解決「麻煩」的技術

めんどくさいことの9割は捨てていい

1張表格+4個步驟，瞬間斷開煩亂，掌握成功捷徑

松田元 著　陳光棻 譯

「唉！真麻煩——」。

這句話聽起來就是很悲觀、不夠積極，任誰都會感到負面的情緒。

但只要稍微改變一下面對「麻煩」的方式，其實就能發現麻煩的背後藏有寶物。這裡的「寶物」，也可以說是夢想或理想。

在你覺得我胡說八道之前，請不妨試試看，以我親身經驗為基礎所設計的「從麻煩中發現寶物的四個步驟」。

實踐這四個步驟所帶來的成果，必將成為你人生的燈塔，為你照亮通往寶物之路。

尋寶之旅所需的，就是擁有感受「麻煩」的單純心思，以及無懼改變、下定決心勇往直前的勇氣。

過去你從未察覺的、對你而言真正的理想，正在這條道路的前方等待著你。

在你發現寶物之後，「麻煩」這兩個字將會成為「積極」的代名詞，進駐你的內心。

Contents 目錄

第二章 麻煩，是能指引人生方向的燈塔

Contents 目錄

第五章 從麻煩中發現寶物

步驟三——丟棄

Contents 目錄

第六章 從麻煩中發現寶物
步驟四——面對

第七章 麻煩事，通通放馬過來吧！

作者序 感謝讓我覺得麻煩的那些事

在我每次打開電腦，準備開始工作的瞬間，心中都會頓時升起「真是麻煩啊～」的無奈。

自從我二十歲開始創業以來，一晃眼就過了十年。在這十年的時間裡，我日以繼夜地努力工作，時至今日從未間斷。但就連公開宣稱熱愛工作的我，還是會覺得工作是件麻煩事。

若總是做單調的工作，未免太過無聊，正因為工作帶有風險與難度，才令人覺得有趣，也具有挑戰性。

但相信不光是我，對這世上絕大部分的人來說，沒有一件工作是不麻煩的。不，不只是工作，大多數人應該都會覺得人生就是由一連串的麻煩所組成。麻煩，簡直就像呼吸一般自然。

每個人都渴望能過幸福快樂的人生。沒有人會希望自己在每天一早起床時，就整天煩惱不斷。想要遠離麻煩、離苦得樂，是人體與生俱來內建的機制。所以，沒有人不怕麻煩，你想躲避麻煩、及時行樂的心情完全是正常的。

不過，也不能因為這是天經地義的事，就放任自己的怠惰心態置之不理。重要的是，不要「忽視」這個惱人的事實，而要「整理」雜亂的心緒。關於本書所介紹「解決麻煩」的方法，所有實踐過的人無不大吃一驚。

事實上，當你仔細觀察讓你覺得「真是麻煩」的事情時就會發現，其中90％的麻煩事都是可以拋諸腦後，無需理會的，因為絕大部分的麻煩對人生而言都是無關緊要的事。請相信你身上「感受麻煩」的感應器。

其實，人們之所以會產生「麻煩」這種情緒，往往是源自於理想與現實之間的落差。在認清90％的麻煩都是人們自尋煩惱之後，那剩下的10％，對你而言就是真正重要的事，也是你需要全心全力克服、挑戰自我的難關。

麻煩甚至可以被視為是種「美妙」的情緒，因為它讓人無須在樓梯上一階一階慢慢往上奮力攀爬，而能跳級式地大步躍進，更快接近自己的理想；也能讓我們發覺麻煩賦予人生的意義，讓麻煩成為「人生的燈塔」。

事實上，在我開始積極活用我的麻煩感應器之後，無論在工作或是人生，都能更快速地朝我期望的方向邁進。

曾經少不更事的我，私立國中念了兩年就輟學，高中更只唸三天就放棄。那時我染了一頭金髮，整天遊手好閒，完全是米蟲的狀態，人生毫無目標。但現在的我，共參與過超過二十家公司的創業過程，在投資界也算成功。原本我的經歷與教育界完全毫無關係，現在卻在大學的研究機構擔任所長，也成為講師。

在青少年時期認識的朋友，看到現在的我，個個都跌破眼鏡，直呼「怎麼可能……」。但最驚訝的，其實是我自己。

說到最初我為什麼會注意到「麻煩」，全都起因於我沒有好好正視這種情緒，只想好逸惡勞地躲掉惱人的小困擾，沒想到把自己捲進更大的風暴中，還導致我陷入淪為被告、甚至還鬧上法庭的一場紛爭中。

在我宛如落入十八層地獄，受盡煎熬之後，才赫然發現麻煩的真義與價值，從此起心轉念，了解原來「麻煩全是自找的」。

感恩這些人生的挫折，生活的磨難，正因為有這樣的經驗，才造就現在的我，所以我更確信麻煩事是成長修煉的功課，會為我們帶來值得感謝的成果。

因此對我而言，麻煩＝感謝。

後來，隨著我在訓練員工與教學的過程中，不但體會到教學相長的樂趣，也開始不斷思考，「麻煩」這種情緒不僅能讓自己成長，或許自身的經驗，也能成為他人的借鏡。

於是，我終於慢慢摸索出「從麻煩中發現寶物」的四個步驟，並由衷希望能藉由這個方式，幫助更多人看到麻煩的正面價值。

要實踐這個方法，需要利用我稱為「麻煩表格」的填空式圖表（參照第一〇三頁）做輔助。這四個步驟為：

- 步驟一：分解麻煩（把麻煩因數分解）
- 步驟二：把分解後的麻煩上色（將麻煩視覺化）
- 步驟三：丟掉90％「假的麻煩」
- 步驟四：面對剩下10％「真的麻煩」

但很重要的是，要看清麻煩的真相，必須確實做到「丟掉90％假的麻煩」，如果誤會「丟棄」的真義，就會走到與目的地完全相反的方向。從本書的第三章開始，我也將會以淺顯易懂的方式來進一步做說明。

你也是下列這些類型的人嗎？

- 總是怪東怪西、對現狀不滿的人。
- 不敢說真話，怕會得罪人的人。
- 與朋友或另一半處得不好，總是鬱鬱寡歡的人。
- 在升學考試中失敗，覺得自卑的人。
- 想要滿足父母的期待，努力過頭而覺得筋疲力盡的人。
- 工作上總是出錯、想離職一走了之的人。

希望無論是在日常生活中有小小的不滿或憤怒，或是對未來感到徬徨與不安，不滿意現狀，又或是為理想與現實間落差過大而煩惱的人，全都能藉由閱讀這本書進而了解到，「麻煩」其實能讓你轉變心態，停止抱怨，認清事實，也發現自己真正的夢想與價值。

序章

留著麻煩，才是最麻煩的事

「如果真的不想工作的話，當遊民也是一種不錯的選擇。」

我的這句話，讓偌大的教室裡頓時鴉雀無聲。

「逃避雖可恥但有用」，真的嗎？

在二〇一四年年底，我受邀到某大學演講。

因為我在武藏野學院大學擔任兼任講師，已經很習慣在學生面前說話。當時因為學校課程規劃的關係，我在那一學期的教學早已結束。由於已經許久沒和學生交流，也讓我對於這一天的演講非常期待。

我曾在日本全國各地，透過演講、研討會、培訓課程等各種方式，為超過數千位商業界人士上過課，可說是經驗老到的講師了。但當授課的對象是學生時，我還是覺得蠻有挑戰性的。因為無論在知識程度或實務經驗上，學生都與商界人士大不相同，演講的內容需要花些心思，動點腦筋，才能讓學生理解，進而有所收穫。

在大學授課時，即便我自認已做了萬全準備，也卯足全力講課，但仍有不少學生在打瞌睡或玩手機。只是，這也沒什麼好大驚小怪的，畢竟比起聽我講課，玩手機遊戲的確有趣多了。我也很愛打電動，還是會玩到廢寢忘食的那種類型，所以自然能理解他們的心情。

話雖如此，若我抱持著「這也是沒辦法的事啊！」的心態自暴自棄，輕易就豎起白旗的話，未免也太沒鬥志了。身為一個教育者，在充分理解「吃過午飯就會很想睡覺」、「聽老師上課很無聊，玩電玩要有趣上一百倍！」理所當然的現實後，仍能正面迎戰，希望能激起學生的學習興趣，才是真正的鬥士。

因此，我絞盡腦汁，想努力帶給學生們與電玩遊戲截然不同的樂趣和刺激。我曾利用各種不同的策略，思考下一步要對學生發動什麼樣的「攻擊」，讓他們「臣服」在我的授課內容之下。譬如說，若是學生熱衷玩電玩遊戲，我就會推出一門課程，讓學生能利用宛如玩遊戲般的心情來體驗課程內容……等。

除了以學生為對象的講座之外，在對一般人進行演講前的一個小時左右，我也要靜下心來做準備。雖然我很喜歡演講、座談會等與人交流的活動，但無論是做自己多麼喜歡的事，在開始著手進行時，偶爾還是免不了會產生「真是麻煩透了」的心情。

人生就是由許許多多的大小麻煩所組成。但在某種情況下，人們會無懼於麻煩，勇往直前。例如，為了練習你最愛的足球，你會不辭辛勞地坐電車去球場。搭電車雖然麻煩，但在經歷這一小段麻煩之後，就能練習你最愛的足球。所以在覺得麻煩的同時，還是會迅速準備出門；而且一旦開始投入練習，就能完全忘卻之前覺得麻煩的事。這是因為你在乎你所熱愛的事情，不管那是一項運動、一個人，或是一種工作，當你在乎時，就會願意付出，不管多費工夫也會任勞任怨，不以為苦。就是類似這樣的心情。

只是，這種「熱愛麻煩」的情況並不多。

之前我曾受邀參與一個演講活動，主講人包含我在內，共有三位企業家。當時某位來聽講的學生對我表示，希望也能讓他們學校的同學們聽到這場演講，所以才促成了今天的活動。

大家在放學後齊聚一堂，只為了來聽一場連學分也拿不到的講座。光是他們想聽我演講這件事，就已經令人萬分感激。當我感受到這份熱情時，自然也熱切地希望自己在能力範圍內，可以為他們做些什麼。

這次演講的主題與進入社會工作賺錢有關。來聽講的學生，無非都是擔憂未來的工作，以及畢業後該何去何從，想尋求答案，所以前來參加。

演講一開始時，我就問大家：「各位，你們未來為什麼要工作呢？」

此話一出，有些人愣住了，有些人則陷入沈思長考，表情各有不同。

於是，我再提醒他們，答案不是只有一個，希望他們無論想到什麼都可以暢所欲言，自由作答。於是大家紛紛發表自己的意見：

「為了自我成長。」

「為了賺錢。」

「為了生活無可奈何。」

「是為了能繼續活下去而不得不做的事。」

「因為大學畢業之後大家都在工作。」

這些都是很常見的答案，也在我意料之中。但「為了生存而工作」這類虛應故事的回答，在我聽來不是自我欺騙，就是言不由衷。所以我才會故意說：

「如果不想工作，就不要工作啊！」

此外，我還做出以下的建議。

「假設在各位的人生中，最重要的事是『不工作』，那麼就先隨便找個工作，不論是什麼公司都可以。然後馬上在工作時犯些錯誤，讓自己被資遣，靠著就業保險的失業給付就能度些時日。等到領救濟金的期限快到了，就再去工作，再馬上被資遣，然後再領失業給付。

各位難道不覺得，光是重複這樣的循環，就能維持最基本的生活嗎？如果真覺得工作很麻煩的話，只要徹底絞盡腦汁，盡最大的努力想方設法，就能達到儘量不工作的目的。

不斷重複『工作、離職』的過程後，最後可能就沒有公司願意錄用你。如果連為了領失業給付而必須找正職或短期工作都嫌麻煩的話，我還建議大家可以申請接受生活保護[1]，這樣一年大約可以領到約兩百五十萬日圓，所以只要不浪費，節儉度日的話應該都還能過得下去。

假使連生活保護都無法請領時，那就當遊民吧！說到全世界遊民的肥胖程度，除了日本之外，恐怕也沒有其他國家能出其右了。只要去翻翻便利商店的垃圾筒，就能找到一大堆雖然過了賞味期限、但還能吃下肚的便當。在這樣的日本，就算成為遊民，只要沒什麼特殊的狀況，是絕不會死於營養不良的。換句話說，就算不工作也還是能活下去。

雖然這些都是極端的假設，但也沒什麼不好。所以，即使不想工作的人也可以選擇不工作。這是我們生在日本這個富裕國家的權利。」

但學生們對於我這些不工作也能過活的諸多「妙計」，反應卻是：

「爸媽出錢讓我們念到大學，這樣做會被罵啦！」

「我才不想當遊民！」

直到剛剛為止，他們不是還說「工作雖然麻煩，但不工作就活不下去，這也是無可奈何的事。」我的種種建議，不正是可以免除工作的麻煩，並同時滿足基本溫飽的生活需求嗎？我可真搞不懂這些年輕人的想法。

再說，我提出的問題是：「為什麼要工作？」我之所以這樣問，是想聽聽他們的真正想法，而不是學校或一般世俗觀念所灌輸要「做大事、做大官」這種冠冕堂皇的理由。

所以，我接著又說：「出社會工作這件事與你的父母完全無關，因為你們和父母是各自獨立的個體，那是你自己的人生。」經我這樣一說，學生們完全不知所措。日本俗話用「如死魚般的眼睛」來形容一個人流露出毫無生氣、灰心喪氣的眼神，我眼前的學生就正是這個狀態。

他們的心裡大概是這麼想的：

1 類似台灣給予中低收入戶的補助。

「那也沒辦法啊！爸媽都說希望我能進入有名的大公司。」
「誰都不想變成遊民吧！這是常識吧！」
「我不懂講師希望我們回答什麼，我也不想回答。這個講師真煩！」

同學們明明應該是擔憂前途、想尋求答案才來參加這個講座的，可是面對我的問題，就覺得思考需要耗費精神，令人疲憊，於是便不願再花腦筋深思，懶得找答案。這就是一般人想要忽略麻煩事的典型反應。

躲在舒適圈，習慣就會成自然

我非常理解大家怕麻煩的心情，因為我自己也是這種人。

況且，因為覺得麻煩，就把麻煩擱置在一旁，眼不見為淨的，也並非只有學生而已。但凡是人，都會有想要逃避問題的傾向。這跟性別、職業或年齡完全無關。

所以我可以確定，**你會產生「啊～真是麻煩！」的心情，絕對是正常的**。

人只要一接觸到新奇的、未知的、需要花時間學習或適應事物；又或是碰到不熟悉、不受控、出乎意料之外的情況時，都容易反射性地想遠遠逃離，覺得眼不見心就不煩。

例如，要發簡訊給正生氣的女朋友會覺得很麻煩，週末明明累得半死但還是得陪伴家人也好麻煩，搬家要整理東西好麻煩、跳槽要另外找工作也麻煩、升官得負擔更多責任更麻煩……。只要活著，就會碰上各式各樣的麻煩事。

在這種時候，之所以會覺得「真是麻煩，乾脆別想了！」並不是你的錯，這只是身體無意識的自動反應而已。

在身體天生的機制中，有一項作用稱為「恆定狀態（Homeostasis）」，這是指身體總是會設法回復到本能覺得舒適的狀態。例如，不管室外的氣溫是冷是熱，人類的體溫都能將身體維持在平均三十五至三十六度的恆溫狀態，就是拜此機制之賜。

另外，減肥後的復胖現象，也可以用這種恆定機制加以說明。例如，若身體覺得自己舒適的狀態是八十公斤的話，那麼即使再怎麼努力瘦身到七十公斤，也會再度復胖，回復到原本的體重。

總之，人類本來就是保守的生物，總會本能地想要回到自己的信念系統（belief system）當中。而且，一旦在最舒適的狀態中設定了目標，就會被此目標所牽引，而無法突破障礙。

只要你體內也具備這種恆定的機制，就完全無法擺脫「害怕改變」的本性。在面對困境與挑戰時會產生怕麻煩的心態，是人性的弱點，也是慣性思維。你完全毋需自責，誤認為怕麻煩的自己真是個無用的人。

正因為麻煩無所不在，若是把全副心力都用在處理與解決這些煩心事上，一天即便有四十八小時也不夠用。因此我主張：「會有怕麻煩的心情是很正常的，但90％的煩惱其實都能丟棄，拋諸腦後。」

假的麻煩＝壞麻煩，真的麻煩＝好麻煩

說到這裡，我彷彿能聽到有人皺著眉頭在問：「作者到底想說什麼啊？」、「他這說法根本是前後矛盾！」

接下來，就讓我來詳細說明。

「麻煩的事都能丟棄＝你可以避免麻煩事發生」。

在這句話中，我想說的「丟棄」，和各位所理解的「丟棄」，在意義上有

些許不同。90%的麻煩事都能丟棄，並不等於全然忽視麻煩事，而是希望各位能理解成：

「打開千頭萬緒的糾結，把心煩意亂看清楚，仔細體會怕麻煩的心情，絕不能逃避或置之不理。」

其實，「麻煩」可以分為兩種。

就我的經驗來說，在令人覺得麻煩的事情中，其中有高達90%都是在自己的人生無足輕重，根本不須為此大傷腦筋的小事，只是因為我們恆定系統反射性地啟動，所以你才會覺得煩惱。但當你冷靜下來想想就會發現，其實泰半的煩惱都是自找的，大多可以拋諸腦後，又或是就算面對也沒想像中那麼麻煩的事。**只要提起精神、鼓起勇氣，就能出乎意料地輕易解決或處理完畢。我稱這些為「假的麻煩」，也是平白攪亂了人生的「壞麻煩」。**

那剩下的10%呢？那些就是你必須努力、付出辛勞才得以克服的麻煩事。**我稱這些為「真的麻煩」，也是能成為你人生燈塔與領航員的「好麻煩」。**

這僅僅10%的麻煩中，許多時候都含有會讓人生產生戲劇性變化的猛藥。因為在歷盡前所未有的辛勞與努力跨越難關後，將會強化你的受挫力，讓你獲益良多，所以是「真的麻煩」。

當你克服重重難關，並面對真的麻煩之後，就會明白，剩下90%的麻煩，其實全都是生命中的小事，根本不值一提。雖然一開始你確實會覺得挺煩人的，感到苦惱，甚至失去前進的動力，但之後你會發現，你只需付出一點點的努力，並且憑藉過去的經驗法則就能解決，事情根本不如你預想的嚴重。你之前的不安、擔憂與焦慮，都是出於體內恆定機制的誤判，是你的「心」任性地認為事情很棘手，但其實那些根本是假的麻煩。

只是，大部分的人在碰到讓他們覺得麻煩的事物時，並不會仔細思考這當中可能同時參雜了真真假假、虛實不一的麻煩。這是因為人們都還不習慣仔細分析麻煩，再將之簡化，藉此釐清混亂的思緒。

於是，我設計了一款稱為「麻煩表格」的填空式圖表（參照第一〇三頁），設計出「丟掉90％假的麻煩、面對10％真的麻煩」的方法。

以下就是「從麻煩中發現寶物」的四個步驟。

- 步驟一：分解麻煩（將麻煩因數分解）
- 步驟二：把分解後的麻煩上色（把麻煩視覺化）
- 步驟三：丟掉90％「假的麻煩」
- 步驟四：面對剩下10％「真的麻煩」

讓「麻煩」變成「不麻煩」

一聽到要「丟掉90％的麻煩」這件事，許多人或許覺得這代表著「放棄」，會就此遠離自己的夢想，但事實上絕非如此。利用「丟掉」、「捨棄」的心態來面對麻煩，具有下列三點好處。

一、**能專注對付「真的麻煩」**。

只要能察覺10％的真麻煩，那麼剩下90％的假麻煩，就都是無關緊要或庸人自擾的麻煩了。如果用電玩遊戲「勇者鬥惡龍」的角色來比喻的話，就是「史萊姆」。

這個發現非常重要，當你明白之後就會瞬間豁然開朗，心情變得很輕鬆；也更容易鎖定目標，擬定計畫，將「對的力氣」用在「正確的方向」，投注在

10％真的麻煩裡。

二、**能事先降低風險**。

當你想要擺脫麻煩時，麻煩往往會難度升級，變成更巨大、更棘手的麻煩接踵而來。即使不是現在，也可能會是明天、一年，還是十年後，總有一天問題仍會反彈，重回到你身上。

相信大家也都碰過因為怕麻煩就落荒而逃，結果麻煩卻更會找上你；又或是因為怠惰，讓一開始的小煩惱演變成大麻煩，結果讓你悔不當初。而且像這樣令人懊惱的狀況，絕非只發生過一、兩次而已。

例如，從事業務工作的人，覺得要馬上回覆客人的來電好麻煩，於是擱置好一陣子都置之不理，對方因為等不到回電，於是改委託其他先主動聯繫的公司，結果你就丟了這個客戶，還換了老闆一頓臭罵。像這樣，只因為沒有主動出擊，積極應對，結果讓情況變得更麻煩又複雜的例子，實在不勝枚舉。

除了工作之外，生活中也有許多類似的例證。譬如，覺得唸書很麻煩，於是只隨隨便便囫圇吞棗，交差了事地應付升學考試，結果分數當然不盡理想，於是落到得重考的下場。

又譬如，常太慢回覆女朋友的簡訊已經數度被抱怨，但因為嫌麻煩所以還是依然固我，結果最後就「被分手」了。早知道，當初殷勤一點，多問候對方幾次，結局就不會這麼淒慘了。

像是這類「如果早知道就好了」的狀況，很多都是因為貪圖小確幸，只想忽略眼前的小麻煩，結果反而招致更悲慘的大災難。

三、**能設定更遠大的人生目標**。

當你覺得麻煩，想要什麼都不去想地放空時，從那瞬間開始，人生就會不斷走下坡。

愈是想過得輕鬆一點、想要待在舒適圈裡，就愈不會萌生勇於挑戰的精神。結果，你的眼光只會不斷放在比現實更差的目標上，人生品質也隨之降低。

擁有克服「真的麻煩」的勇敢心情，才會讓人成長，引導你邁向下一個階段，你的人生目標也絕不會低於過去的水準。要是被假的麻煩所蒙蔽，人生就會變得空無，漫無目標。

為了向大家介紹面對麻煩的方法，在下一章，我會先聊一聊自己為什麼會發現「麻煩」的優點，以及在發現後又經歷過哪些曲折離奇的變化。

第一章

從輟學、赤貧，到成為跨國企業老闆，成功之道就藏在「麻煩」裡

就像我在前文中已經提過，我自己就是個相當怕麻煩的人。

像我這樣的人，又為什麼會勸大家還是要老老實實地面對麻煩呢？

人生的危機就是轉機

雖然我不贊成只用「寬鬆世代[1]」這個名詞就以偏蓋全地做出論斷，但近年來的年輕人，的確讓人覺得他們缺乏雄心壯志、毫無熱忱，也不夠積極。

不過他們之所以沒有遠大的抱負，很多時候是因為父母把自己的夢想和希望強加在孩子身上，導致他們無法依照自己的意願選擇未來的人生與目標。而且，前文中也說過，人體具備討厭變化的恆定機制，所以這種不思進步，怕麻煩的心情絕對是可以理解的。

只是，我想以自己從年輕時就與麻煩打交道的經驗告訴大家，你所煩惱的事，有90%都是小事；而且，在面對真正的大事時，捷徑並不存在。

本書要告訴你，如何善用解決「麻煩」的技術，讓「真的麻煩」變成行動的助力，將「假的麻煩」逐一擊破及化解，進而發現自己真正的夢想與價值。

說到這裡，各位或許明白我想表達的事，但卻不理解為何要與麻煩相對抗。

我在為員工進行教育訓練時，總是會不厭其煩地告訴他們，面對麻煩千萬不可置之不理，只是一開始時，絕大多數的員工都無法理解「不放過麻煩」的好處究竟在哪裡。

雖然我現在把怕麻煩的心情視為人生的燈塔，但直到二十五歲之前，我遇

1 寬鬆世代是指日本在一九八七年之後出生的世代。日本於二〇〇二年起推行「寬鬆教育」政策，減少學習內容與時數。輿論認為此政策使學生的學習能力和競爭力都大不如前。

到麻煩時總是拔腿就跑，想躲得愈遠愈好。

逃避麻煩的結果，導致我遇上遠超過所能想像的大麻煩。這時我才終於發現，我面對麻煩時的處理方式完全錯誤。這是我親身獲得的慘痛教訓，絕非只是紙上談兵。

當時，我每天的生活都猶如在地獄裡掙扎一般。各位與其像我一樣，非得付出龐大的代價、嘗盡苦頭，才能覺悟到必須好好面對麻煩，不如透過閱讀本書，仔細思考關於麻煩這種情緒，進而找尋到自己想要的人生，不但不至於走冤枉路，你對於眼前的麻煩也能有不同既往的看法。我就是懷抱著這樣的心情寫下本書的。

我過去為何、又是如何逃避麻煩的？為什麼極度害怕麻煩的我，會有一百八十度的徹底轉變，開始想要正面迎擊麻煩？

接下來我想要聊一下我那令人汗顏的過去，也讓各位可以對我這個人有初步的認識。

我是「拒絕讀書的小子」

我出生於日本神奈川縣鎌倉市，一個再普通不過的上班族家庭中。

我從小就是個特立獨行的孩子，討厭和別人做一樣的事。我並非想要引人注目，只是打從心裡一直都覺得，人生苦短，若不追求與眾不同，豈不枉費來這世上走一遭。朋友常說我是「怪人」，或是覺得我「很有趣」，但我從來都不覺得自己有什麼特別之處，我只是想要活出自己。

我記得自己當時的興趣是「觀察別人」。譬如，當我採取A和B兩種截然不同的行動時，就很喜歡看看對方會分別對這兩種行動做出什麼樣的反應，並分析原因。換言之，也可以說，我從小就不斷在從事行銷與觀察的工作。

此外，我也很喜歡電玩遊戲，是個超級玩家。我第一次接觸的電玩，是在幼稚園大班時父親買的「勇者鬥惡龍四」。之後的二十五年來，我玩遍了所有的遊戲，也從中觀察人性和電玩攻略之間，有哪些共通之處。

上了小學高年級之後，同學們都開始上補習班，也就是為所謂的「私校升學考試」做準備。對於生活環境既狹隘又單純，一直都只待在小學校園裡的我來說，心中不免期望能在補習班這個未知的世界裡，遇見一些新奇有趣的事物，於是便央求父母也讓我去補習。

其實，父母平時並未特別要求我的課業成績，我也沒有特別喜愛唸書。只是，我家當地的公立國中向來有許多不良少年，讀書風氣不佳，幫派文化盛行，甚至還被貶為是「直升黑社會」的學校。

如果真的進這間學校就讀，遇到被不良少年糾纏或霸凌之類的麻煩也是意料中事。所以，我會想到補習班準備升學考試的動機非常單純，一來覺得補習班好像很新奇有趣，二來也想試試看報考私校。

此時，我做夢也沒想到，自己後來居然還是上了那間惡名昭彰的公立國中。

進了補習班之後，一開始我還很認真唸書，但不知不覺間就變得愈來愈討厭讀書了，覺得讀書好麻煩。於是，我想到了一個妙招，那就是作弊（直到現在事過境遷那麼久後，我才敢把這種很要不得的行為公諸於世）。

究竟要坐在哪個座位才不會被監考老師發現作弊，我在當時可是徹底進行了一番研究。結果一不小心，我就成了作弊的專家，甚至有了「作弊大王」的綽號。

於是我靠著作弊，偏差值[2]在短期內急速飆升，老師和父母對我的進步無不嘖嘖稱奇。我的學力水準大幅「提升（？）」到甚至可以挑戰報考東京的知名私立國中。最後，我決定把有名的私立國中全都報考一輪。

不過，這麼做的結果卻是慘遭滑鐵盧。

我陸續接到所有報考的私校的落榜通知（在此要特別聲明，我的作弊技巧可是天衣無縫，完美無缺的），OCR[3]的判讀率也很驚人地達到百分之百。雖然我確實抄下了答案，但坐我旁邊同學們的答案，卻全都是錯的。我明明是為了希望可以減少唸書的麻煩才開始研究作弊，但令人懊悔的失誤是，我竟然沒有想到「考試時的座位」會對答案對錯造成如此重大的影響。

萬萬沒想到作弊也得慎選「同謀」才行啊……。

我這時才深刻體會到，原來作弊不僅要投注許多心力準備，也需要運氣，真是麻煩極了；更領悟到認真念書或許費時又費事，但我還是應該勤奮讀書才對啊（真是笨死了）！

後來，我進入一所位於橫濱市的私立國中。這所學校的校規甚嚴，但級任老師非常有教學熱忱，對學生也很關心。他接受了我自由、不喜歡受拘束的個性。那時，我的學校生活過得很開心。

但是，在要上國三的時候，學校重新分班。這時已聽說預計接任我們班的老師，以嚴格出名，我直覺他不可能會接受我的耳洞和不修邊幅的服裝儀容。一想到再過不久就不能戴著耳環上學，當時「這下麻煩可大了！」的焦慮不斷困擾著我。

此外，我還記得有些老師能夠引發我在學習上的好奇心，像是這樣的課程我就會上得很開心；但對於完全不感興趣的科目，真的就痛苦難捱，我還曾因

2 評價學習能力的基準。學力偏差值＝（個人成績－平均成績）÷標準差×10＋50，該數值與個人分數無關，而是反映出每個人在所有考生中的水準順位。通常以50為平均值，約九十％以上的人都分布在25至75之間。

3 光學文字辨識（Optical character recognition）的縮寫。日本許多大學入學考試或校內定期考試，都透過OCR處理進行自動閱卷的作業。

為覺得太無聊而睡著，結果挨了老師一頓打。現在回想起來，上課睡覺的確是我不對，但被打也讓人感覺很不爽。

還有，上學不能遲到、要進行清潔打掃工作等等，這些我也都覺得很討厭，我不明白為什麼老師非得逼我們做這些事。雖說國中是義務教育，但我實在無法忍受這些連自己都無法說服的事情。

當時的我，完全無法適應學校的環境，簡直就像是社會適應不良症的患者一樣。

於是我想到：「對了！就去京都吧！」[4]……喂！不是啦！是：「對了！那就休學吧！」

我馬上告訴父母我的打算，他們當然極力反對。雖然在我的成長過程中，父親並不會干涉我的想法，經常對我說：「就做你喜歡的事吧！」

當時，我便利用父親給予我的寬容與自由回嘴反駁道：「為了做自己喜歡的事，那就應該休學！」我說得理直氣壯，但根本是歪理。

不出所料，還是遭到激烈的反對，但年輕氣盛的我可是沒在怕的。「我很討厭上學，休學一定會比較好。這是我深思熟慮後的選擇，絕對是正確的，所以我要休學。」

我從小就是這樣的個性，絕不會順應別人的意見而改變自己的心意。我只會做自己願意做的事，因為我覺得聽命於人、過著被支配的生活是絕對無法忍受的。

4 「對了！就去京都吧！」是日本東海旅客鐵道股份有限公司自一九九三年開始實施的宣傳活動。目的在吸引名古屋與東京首都圈的觀光客到京都觀光。

國中勉強畢業，高中三天就休學

結果，我在國中二年級學期末時，就從私立國中休學，進入了當初因為是不良少年大本營而不想就讀的在地公立國中。

本來一開始我還謹言慎行，小心翼翼，深怕被不良少年給糾纏上，誰知我馬上就交到了一群朋友，還和他們打成一片。我不但染了一頭金髮，還偷騎摩托車，整天不回家，在外到處玩耍遊蕩。

因為國中是義務教育，所以在學校的通融處理下，我仍舊順利畢業。但現在回想起來，自己都覺得當初居然還能畢業真是太幸運了，除了感謝還是感謝。

後來，我勉強擠進位於小田原的私立高中。不過，這次才去了三天就又休學了。

原因非常簡單。因為那所學校的位置地勢較高，從離學校最近的車站到學校，一路都是綿延不絕的上坡。要爬坡十五分鐘去上學簡直令人不可置信，我怎麼可能花整整三年的時間在這麼麻煩的事情上面?!

請各位想像一下，在炎炎夏日下爬十五分鐘的上坡路，真的是會熱死人不償命。而且不只是夏天，無論是下雪還是下雨都得爬，又濕又冷的。還有什麼比這更麻煩的事嗎？

剛開始我也曾退一步想，覺得這些或許都是我多慮了，可能根本就是自己嚇自己也說不定吧！所以，為了模擬一下未來三年的情況，我還是去上了三天的課。

因為我沒有參加開學典禮，所以開學後我去上了整整三天的課。但事後我怎麼想都還是覺得麻煩。於是，我腦海中浮現了兩個選項。一個就是花三年時間爬這長長的坡道上學，拿到高中畢業證書；另一個就是不唸高中，把這三年可以自由運用的時間，花在自己感興趣或喜歡的事情上。但究竟哪一個選擇才比較好呢？

相信大部分的人一定都覺得，只拿到國中畢業的學歷是很丟臉的，因而對輟學這件事會猶豫不決，考慮再三。但我對愛面子等等這些虛無飄渺的事根本不在乎。畢竟，在現實世界中，那條上坡路可是會累死人的，因為超陡的啊。要爬完這長長的上坡，大概足足會走斷七次腿。

不過，這已經是第二次的休學，父母說什麼都無法理解，也不能同意。他們花了很長的時間對我曉以大義，想說服我打消念頭。無論是說教還是說服，對我來說都挺煩人的，煩到我都差點想打退堂鼓了；但如果不能休學的話，我的麻煩會更大。

於是，我擬定了作戰計畫要說服我的父母。

總之，我的計劃是奏效了，所以我上了三天高中就正式休學了。

至於我是怎麼說服父母的呢？

當時，我去拜託一位我認識的酒舖老闆，請他讓我自隔天起在他的店裡工作，也就是我先找好了工作才跟父母先斬後奏。連我自己都覺得這真是個妙計。

酒舖老闆只有國中畢業，以前曾混過幫派。雖然他脾氣很壞，動不動就會跟人吵架，但卻對我很好。他是第一個讓我自覺是個「很酷的大人」的人。我深深認為，如果我要上「社會大學」的話，就要先在這個人的店裡多加磨練，並累積工作經驗。

這位為人爽快的老闆一口就答應了我的請求，所以我和爸媽說：「我明天就要開始工作，不去上學了。」接著又說：「如果你們不讓我休學的話，不就給老闆這個局外人添麻煩了嗎？」

結果，計畫成功，父母只能愕然接受，而我則因為又再一次休學而被朋友稱為「中輟專家」。

就在這樣二度休學的生活當中，發生了一件事，徹底改變了我。我有一位從幼稚園開始就很要好的朋友，在飆車時因為想要甩開警車的追捕，結果發生車禍過世了。

很巧的是，他是我休學的那所高中的學長。雖然他大我一歲，但我們從小就是同一所英語會話補習班的同學，傍晚下課後，總是一起在附近的公園裡玩。上了小學之後，可能是因為開始有零用錢了吧，他常常請我吃便利商店賣的關東煮或零食，人非常友善。他很崇拜金八老師[5]，常常都說他的夢想是當老師。至今，我腦海裡仍時常浮現，在寒冬中我們肩並肩坐著，在便利商店前一起吃關東煮的畫面。

這位學長在聽到我高中才念三天就休學的事非常生氣，或許是因為擔心我的前途吧！他一直堅持要我不准休學，一定得繼續唸！在某年初春之時，我們還為此大吵了一架。由於我脾氣也很拗，已經下定決心的事絕不會退讓，所以嚴辭拒絕，只回了他一句「關你屁事！」，有好一陣子我們甚至斷絕往來。

直到後來在夏日祭典上偶遇，彼此都憋了一肚子悶氣，心裡有許多話不吐不快。在爭論一番之後，最後他也不再堅持己見，並鼓勵我說：「如果你已經下定決心的話，那就是你自己的人生，以後就要多加油了！」至此，我們也終於言歸於好。

不幸的事故就發生在我們剛和好的不久之後。當時我才十五歲，實在難以接受一個認識超過十年的老朋友，幾天前還在我面前生龍活虎的，卻突然在一

5 日劇《三年B班金八老師》中的主角，描述一位國中老師帶領班上學生奮鬥、學習的過程。

夕之間過世了。

在那段鬱鬱寡歡的日子裡，我心中突然湧現了一個疑問：「這次只是碰巧是他發生意外，或許本來也有可能是我。而且要是我就像現在這樣一直虛擲光陰，也不會有什麼前途吧！那這輩子不就真的是無聊透頂的人生了嗎？」

在那同時，他昔日的那群哥兒們，卻像是什麼事都沒發生過一樣，一如既往地不事生產，遊手好閒。明明死了一個人，這些人為什麼一點感覺都沒有，毫無悲傷之情，還是依舊故我？真讓人火大。

我向酒舖的老闆傾吐我心中的不滿與鬱悶，他的一番話讓我茅塞頓開。他說：「雖然我不知道你真正想做的是什麼，但這是你自己選擇的人生，所以絕對不可以後悔。只要拚命努力，不留下遺憾，哪怕像我一樣只有國中畢業的人，總有一天也能當上社長。」

受到這番話的激勵，我決定與過去常一起鬼混的老家朋友們保持距離。

離開故鄉是改頭換面、重新做人最好的方法，於是我靠打工存下的錢遠赴東京，並租了一間房。

貧窮但自由，我成為自己的主人

因為長期以來我已經給父母添了很多麻煩，所以在離家之後，只請他們當租屋的保證人，要他們也不必再匯生活費給我，我決定今後一切都靠自己。

我打過各式各樣的工。當時一天的伙食費是二百五十圓，如果沒東西吃了，我就跑到附近的田裡偷蔥來吃。（藉今天這個機會，我要向辛苦栽種蔥田的主人道歉，抱歉我偷了你的蔥！）

但回想過往的一切，卻都充滿開心的回憶。因為生活裡的一切都能自己做主，我就是自己的主人，完全不需聽命於他人，我所做的一切都是自己心甘情願的事。這才是真正的自由。

雖然總是三餐不繼，老處於捱餓狀態，但我也領悟到，如果覺得工作麻煩而不去打工，當然就沒有收入，也不會有錢買食物，而這些全都是自己的選擇，也是自己要擔負的責任。沒東西吃就得自己想辦法，再也沒有比這更公平的原則了。

在這樣一切靠自己的生活當中，我找到了目標，那就是「大檢[6]及格」。說起來，這個目標還蠻酷的。若當時我沒休學的話，應該是高中二年級。日本基本上並不承認高中程度以下的跳級，所以與高二生同為十六歲的我，雖然從高中休學，但若能通過大檢，會比同學年的人還早拿到大學入學資格，這肯定會令人覺得非常驕傲。

雖然不知道現在情況是如何，但當年我報考大檢時，考試內容並不太難。

要準備十一個科目是挺累人的，但光想到別人「一定覺得我很酷」這件事，就讓我有十足的動力，足以克服這些難關。

在大檢通過後，我先到美國留學約半年，回到日本之後也順利考上早稻田大學的商學院，成為名符其實的大學生。當然，這次我可沒有作弊，完全是靠自己的實力考上的。

在大家看來，或許會覺得明明按步就班把高中唸完就能拿到文憑，卻偏要在休學後才跑去考大檢，未免也太大費周章了。但我是個怕麻煩的人，又不想當個乖乖牌，和大家做一樣的事，我只是順從自己的心情行動；而且也非常幸運，不知為何一切就往好的方向前進了。

總之，只念了三天高中就休學所獲得的三年自由時間裡，我拚了命地打

6 大學入學資格檢定，現改為高等學校畢業程度認定考試。類似於台灣的「自學進修高中職級畢業程度學力鑑定考試」。

工，體會了貧窮但自由的滋味，也順利考過大檢取得大學入學資格，還到國外留學，最終也順利考上大學。

如今回顧一切，幸而是好的結局，所以我才能說國中、高中的休學為我的人生帶來轉機。但「高中只念三天就休學」這種事，實在不值得鼓勵，若還要說起我其他調皮搗蛋的事蹟，就更是罄竹難書了。

我本來也想在這本書裡提些童年的往事，但絕大多數現在回想起來都覺得太過丟臉而說不出口。畢竟我現在也是個成熟的大人了，這些惡行惡狀的離譜事蹟就容我稍微保留一下。只是當時血氣方剛的我完全不知天高地厚，還洋洋得意地自以為是。

在十五歲之前，我為了釐清懵懂無知的想法，整理渾沌不清的思緒，撥開眼前的迷霧，只能不斷破壞眼前的事物，只希望能藉此披荊斬棘，開出一條屬於自己的道路。那些被我破壞的事物，說得好聽一點，或許是世俗道德、冠冕堂皇的大道理，又或是流行風潮等。但才十幾歲的我，是不是真能察覺它們背後所代表的真正涵義，並適當地加以運用呢？其實並不然。

如今回想起來，我在做抉擇時並沒有什麼邏輯可言，只是運用天生就想離麻煩愈遠愈好的動物本能做出判斷而已，因為我深刻體會到自己害怕麻煩的那種心情。

上班族真命苦，還是當老闆比較輕鬆？

上了大學之後，我過了一段順遂安穩的日子。現在想起來，或許這就是所謂暴風雨前的寧靜。

當時我覺得最麻煩的兩件事，就是求職與就業。面試時穿上如制服般的求職西裝很麻煩，找工作很麻煩，要去拜訪公司的前輩也很麻煩，而且最後就算找到工作，每天要擠電車上班更是麻煩。這樣看來，未來似乎也只有「創業」這個選項了。

當時學生創業蔚為風潮，許多大學生都投入新創事業的領域。我阿Q的認為，創業就不用費心費神投履歷與面試，也不必在上班尖峰時段忍受交通堵塞與擠車的人潮。雖然到後來我終於明白當老闆相當辛苦，但當時的我一直以為創業比求職或上班輕鬆。我根本不懂創業究竟是怎麼一回事。

換言之，我被90％假的麻煩所迷惑，而沒有正確地釐清那僅僅10％真的麻煩。

雖然我立刻就想著手創業，但畢竟我只是個涉世未深的平凡大學生，根本不知道如何擬定創業計劃，或是該如何籌措資金。於是，我造訪了好幾家有接受實習生的企業。在向許多經營者前輩請益的過程中，遇到了某位社長。他聽了我的想法，覺得我這個人還蠻有點意思的，所以決定投資我。

為了找到金主，當初準備不熟悉的創投計劃或企劃書的那段過程當然也很辛苦，但努力的結果是，居然真的有人願意投資我這個既沒經驗、也沒人脈、更沒資金的在學學生，我只覺得自己實在太幸運了，所以就接受了這位社長的提議。

而這就是我墜入地獄的開端。

日本是個資本主義的國家，出資的股東才是老大。我的公司幾乎百分之百都是由那位社長出錢投資，所以雖說是自己的公司，但實際上就是一名受僱的社長。不管我做什麼事，都會被指出錯誤，接著也一定會挨上一頓臭罵，就這樣日復一日，永無止境。我所遭受的對待，比基層員工還不如。

出資的那位社長總是大聲斥責我：「這種數字能看嗎？如果現金沒了，這間公司就會倒閉耶！」當我問他該怎麼辦時，他叫我帶著資料去募集資金。但我連WORD或EXCEL都不太會用，也不知道該怎麼準備相關資料。結果又被斥責道：「不會的話還睡什麼覺啊！就去學啊！自己想辦法去生出來啊！」

在商言商，自然沒有手下留情這回事。但當時缺乏經驗的我還不理解這個道理，於是愈來愈無法忍受沒領過一毛薪水、每天得工作二十小時還沒有休假的生活。去拜訪客戶需要交通費，只要工作就會有支出，因為沒領薪水，所以我一直都入不敷出，每個月大約都透支十萬日圓左右。

社長的確教了我許多工作的技巧和原則，但我在持續不斷的自我否定中，每天總是自怨自艾，「為什麼我這麼倒霉」的心情日益增強，憤世嫉俗的不滿遠超過所有一切感受。

而且，不僅是出資的社長給我嚴重的打擊。當我自信滿滿地帶著企劃案去拜訪金融機構時，總是吃閉門羹。我提出自豪的商品或服務時，客戶也只會回我一句：「我們再研究看看。」他們皮笑肉不笑與言不由衷的回答，更將我的自信徹底摧毀。

我還記得，當面臨隔天資金就要用罄的困境時，我口乾舌燥，完全無法思考，全身不斷冒出冷汗，連這個世界看起來都扭曲變形了。那種心情七上八下、忐忑不安的感覺，真是只有身歷其境才能體會。

公司帳戶裡從一開始創業時的一千萬日圓，到後來不斷減少直至趨近於零的恐怖情境，我這輩子再也不想經歷第二次了。

二十二歲的生日禮物——收到法院傳票

回想當初，我也真的是少不更事，做事太衝動了。

在創業兩年後的某一天，我突然覺得自己再也無法忍耐下去了，於是憤而向出資的社長抗議：「為什麼我這麼拚命工作卻不能領薪水？連車馬費都不付給我也實在太不合理了。哪怕一個月五萬圓也好，我也想要有薪水！」

他很乾脆地就回答：「NO！」，原因很簡單。因為我能力太差了，根本不值得付薪水給我。

聽到他斷然拒絕的這番話，我當場就撂下狠話：「老子我不幹了！」立刻就掉頭離開公司。

我記得我提辭呈的那天是二〇〇六年一月十日左右，那時真是覺得通體舒暢。我沈浸在前所未有的解脫快感中。

就這樣過了一個月，一切太平，什麼事都沒發生，直到我二十二歲的生日那天。

我永遠都不會忘記這個日子，就在二月十一日生日當天，發生了一件讓我嚇到魂飛魄散的事。

我的老家收到了一份從天上掉下來的「生日禮物」。

在一個極其平常的信封裡，放了一張帳單。一時之間我還摸不清頭緒，仔細確認之後才發現，帳單上要求我支付一千萬圓，還註明要我至法院報到。

簡而言之，我被告了，被那些請我擔任社長的前公司股東們給告了。

對出資的社長及股東們來說，自己出錢投資一個學生，還教他許多工作之道，結果對方卻任性地說離職就離職，造成的損失自然要由他來負擔。

對於這種職場上做人處世的道理，我花了不少時間才終於搞懂。

正常生活中應該很少人想像得到自己會被告吧。這麼具衝擊性的生日禮物，真的也算是空前絕後了。

後來，這件事還鬧上了法庭，最後是由我支付了對方要求的一部分金額做為和解金，才終於落幕。時至今日，我仍與當初出資的社長保有相當密切的往來，也從當時的經驗中汲取教訓，設立了AsZ股份有限公司。

回想起這個痛苦的經驗，都如同昨天才剛發生般歷歷在目。

學生時代第一次的創業經驗，對我日後在公司經營上產生了重大的影響，我從中學到了兩件事，一是我第一次體會到「挫敗」這個詞的真義，二是我得到「無知不等於無過」的教訓。

經歷這件事之後，我深深體認到，犯下這樣的過錯，讓我在珍貴的時間與金錢上產生極大的損失。若不想再經歷同樣的痛苦，就不能再繼續無知下去。我必須靠自己努力學習，自我充實，獲取知識；而且，就算真的理解了這些新知，若無法靠自己的能力去實現，一切也是枉然。

想要躲掉小麻煩，未來就會變成大風暴

當時的慘痛經驗，讓我冷靜下來思考，並得出一個結論。

國、高中時，我成功地處理麻煩，所以人生順遂；但大學創業時，由於一直逃避麻煩，結果以慘敗收場。

回想起大學創業時代的最初期，只是隱約覺得「創業可能會非常麻煩」，卻搞錯了面對麻煩的方法，而且持續徹底忽略麻煩的存在，這些錯誤的處理方式都一步步地把我推向地獄的深淵。

我不知應該要努力進修，鑽研與企業相關的法律條文，提案內容也都過於膚淺天真。諸如此類我想迴避的種種小麻煩，在日積月累之後，最終變成「起訴」這種大麻煩後一次爆發。

在被起訴之前，我因為不想被捲入麻煩之中，所以一心只想著要逃避現實，不想面對問題。

相對於此，在國、高中時代，因為想要做一番引人注目的大事的反骨心情很強烈，碰巧又遇上僅佔10％的真麻煩，於是奮力背水一戰，人生因而柳暗花明。

就一般常識來說，都覺得乖乖念完三年高中、如期畢業比較不辛苦；但我就是因為正面迎戰麻煩，不斷把假的麻煩拋諸腦後，才能拿到通往成功之路的車票。

高中為了想休學，我事先找好打工的地方。打工酒舖的老闆真的是個好人，要不然憑我一個只有國中畢業的毛頭小子，光是找工作就很困難了，更別說還很有可能碰上心懷不軌的大人，看準我這個年輕人不諳世事，而在工作上極盡壓榨與刻薄之能事。

在種種風險當中，我不被假的麻煩所迷惑，勇於接受挑戰，試著進入社會大學學習，才能掌握到「體驗學問與教育真正價值」的真麻煩，並造就了我完成通過大檢這個人生的大躍進。

到美國留學的那半年期間，我曾考慮留在那裡念大學，但發現學費貴得嚇人，最終因為經濟條件不允許只好作罷。後來得知早稻田大學有交換留學生的制度，我心裡估算著只要進了早稻田大學，利用這個制度，就能輕鬆用最簡便的方式進入國外的大學就學，而不必擔心錢的事。

在準備考大學時，我真的是埋頭苦讀，一天有十八個小時以上都在唸書。在補習班時，因為程度太差，常常被人瞧不起，真的很令人生氣。而這股「我就是要爭一口氣證明給你們看」的心情，卻成為我最大的動力，讓我順利考上大學。

準備大學升學考時，我唸書唸到都快要瘋了（拜寒窗苦讀之「賜」，我的視力從原本的1.5下降到0.01），這真的堪稱是終極的麻煩，但我深信對我而言，此時的用功勤學將會是我人生逆轉勝的好機會。

考好補習班的考試、說服周遭的人、提升自身程度等這類假的麻煩，全都無關緊要。因為，只要考上大學我就是贏家了。結果最重要。正因為我徹底面對並突破那10%真的麻煩，所以才能應屆考上大學。若我當初沒有休學，而是規規矩矩地念完三年高中的話，恐怕也考不上大學吧。

大學創業時我也該這麼做的。按理來說，創業真不是件簡單的事，光有熱情與衝勁是不夠的，舉凡從經營到業務等各方面的知識，都得自己主動學習，等打好穩固的基礎之後再著手進行。但我貪圖有經驗的資深前輩能夠直接教導我，還自以為幸運。只因為找到了投資者就覺得從此能夠高枕無憂，於是便義無反顧地投入自己毫無經驗的新領域裡。

求職很麻煩，每天擠客滿的電車上下班也很麻煩。原本是為了避免這90%假的麻煩而創業，而創業是僅僅10%真的麻煩也沒錯。但我非但沒有正視真正的麻煩，還用投機取巧的方式，想要像鴕鳥一樣，對自己的不專業用眼不見為淨的態度，自欺欺人地輕易搪塞過去。

遇到了不順遂的事情就應該按部就班解決，若是為了省事想抄捷徑，反而常會繞遠路，甚至走錯路，費時費力又不討好。我搞錯了該好好面對真的麻煩的磨難，所以老天爺才會懲罰我，希望讓我從跌倒中獲得教訓。

從中輟生，到成為大學講師

自此之後，我決定要小心處理「麻煩」這種情緒。此外我也明白，只要誠實面對麻煩，自然會有豐碩的成果與獎賞在前方等候。

我目前在武藏野學院大學擔任兼任講師，同時也在該校的研究所攻讀博士學位，還在校內創立「SMB（small medium business，中小企業）研究所」，從事相關研究。

在SMB研究所裡，我們以「小規模企業是次世代雇用型態的主流」的假設為基礎，研究年輕世代以「人數少、利基精確、規模小」這種機動式企業型態創業的知識與技術，並希望能協助年輕人，一起迎向我過去所提出的理想目標——「收入高達一億元的創業家時代」。

這一切的開端，始於我與武藏野學院大學理事長——高橋暢雄老師的相遇。即便再度回顧這段經歷，我仍不禁覺得人與人之間的緣分真是奇妙。我不知道「靈性伴侶」這件事是否真的存在，但我覺得與老師的相遇，真的有一股看不見的神秘力量在運作著，是非常奇妙的緣分。

我所創立的AsZ股份有限公司，主要是透過活用所謂的「飛特族（freeter）[7]」，即年輕失業者。希望利用人才外聘的方式，引領外包事業的風潮。總之，在這個過程中我領悟到，經營企業的宗旨，就是要將「教育」落實到現實社會中。如何培育優秀的人才，並讓他們能對社會有所貢獻，將會是個重要的課題。

企業界當然想要雇用在校成績優秀的學生，期望這些好學生在畢業後能進入自己的公司工作，所以常砸大錢辦校園徵才說明會，但這樣做既花錢又花時間。於是我靈機一動，想到若能把大學和企業這兩者不同領域結合的話，不就能達到企業主與求職者雙贏的局面嗎？

就在此時，我遇見建校超過百年的武藏學院大學的理事長，並自二〇一三年起和該校進行建教合作。

誰能想像得到，過去拒學的我，日後憑藉著一己之力，改造了飛特族或曾誤入歧途的不良少年，培育他們成為商場上的人才；而且還站上講台，傳授學生有關商業與經濟的相關知識。

從小，我就只會給父母添麻煩，對於我日後的轉變，他們恐怕最是吃驚，

7 飛特族，是由英文的「自由（free）」和德文的「勞工（arbeiter）」結合而成的造字，即非典型勞工（含派遣工作者、兼職人員、約聘人員等），在一九八〇年代後期，隨著日本泡沫經濟而出現，被視為是社會的失敗者。

而我自己也沒想到會有這麼一天。至少，若我當時因為討厭爬坡，唸了三天高中就休學，從此便渾渾噩噩度日的話，肯定無法擁有這般光明的未來。

所以我深深相信，只要努力，就會有回報。

人生中至少要有一次勇敢挑戰自我

我一直都對學術與教育非常感興趣。

身為企業家，我雖然知道該如何指導屬下與員工工作，但也覺得我自身的成功經驗很難被複製。也就是說，「成功」只是結果論，但成功者的經驗卻完全沒有被系統化地整理。所以我一直在思考，若能將「如何能成功」這件事用科學方法來加以分析與處理的話，或許能從中掌握一些線索，找出成功的模式。

我常在想，「決斷」與「行動」這兩種行為，要如何相輔相成，才能讓事業，而且是機動性高、市場反應快的事業（如：中小企業等）獲致成功呢？這是所有創業家都想知道答案的難題。但身為大老闆，若只專心致力於經營企業，就無法將自身成功的經驗傳承給後輩員工。

不過，我每天要工作，還要邊唸MBA學位就已經很辛苦，更別說我又胸無點墨、國中休學過一次、高中唸三天就又休學的人，與學術界更是八竿子都打不著，想必沒人會對我這種人的想法感興趣吧？即便我再怎麼說明自己的理念，大概也很難讓人理解，只會覺得這全都是我一時興起罷了。

在我獲邀參與大學的專案，一直到實際進行研究活動，以及為學生授課的這些過程，當然也都產生過大大小小的許多麻煩。但一想到我長期以來的願望終於有機會實現，這些麻煩也就不足掛齒了。就像我所說的，要勇敢面對與目標相關的真的麻煩，至於與目標無關、或大或小的麻煩，則全都可以置之不理。

在創立AsZ股份有限公司時，我選定當初在大學創業時代裡，我認為最棘手的業務工作做為主要經營項目，並研發出業務代辦的服務。為了提供這樣的服務，我網羅了非主流的飛特族與可說是社會邊緣人的回頭浪子，進行人才培育。這真是一連串的麻煩，讓我也更是拚了老命地工作。

然而，若我不是選擇了「業務」這個經營項目，又若非因為透過人才培育，讓許多飛特族重新融入社會，我可能接到這麼多又這麼棒的邀約嗎？我想答案恐怕是否定的。

這麼想來，**我的人生全都是自「麻煩」開始，才從黑白變為彩色的啊！**因為怕麻煩，所以休學；因為怕麻煩，所以寧願在大學時代就創業；因為怕麻煩，所以成立業務代辦的公司。

各位讀者也一樣，當你願意坦然面對自身的麻煩，從各方面仔細觀察10%真的麻煩後，若還是不想解決，或超出自己能力範圍的話，大可光明正大地放棄挑戰麻煩的人生。理由將在下一章裡說明：「理想與現實間的差距」很麻煩，如果是真的無論如何都提不起勁的話，很可能是打從一開始規劃理想時就已經出錯了。

活著若只為了迎合別人的理想，活在他人的期待中，想必是很難受的。人生只有一次，希望各位能珍視自己的價值觀，也能擁有自己選擇的、獨一無二的人生。光是這樣就已意義十足。

可是，若你將來想儘可能賺更多的錢，或是想要考取證照、提升自己的知識技能，創業成為老闆，又或是期望在經濟、工作或精神層面上有大幅成長的話，那我非常建議你這輩子一定要至少試一次，勇敢挑戰真正的麻煩。

透過不斷挑戰自我所達到的下一個階段，將會是遠超乎你想像、是個截然不同的世界。而原本最有可能成為人生失敗組的我，在此向你保證，在另一個全新的國度裡，將會有你意想不到的幸福與喜悅正等待著你。

第二章

麻煩，是能指引人生方向的燈塔

到目前為止，相信大家可以感受到，我是非常正面地在解讀「麻煩」這件事。

但我想大多數的人一提到「麻煩」，應該都會產生負面的聯想。

話說回來，到底在什麼樣的時候，我們會覺得「麻煩」呢？

懂得放棄，是因為你已經把人生看清楚

我認為，當理想與現實的距離落差愈大、而且情況愈複雜時，人們就會愈覺得「麻煩」。也就是說，如果理想愈高，麻煩指數也會相對提升。

舉例來說，如果一位上班族的理想是「輕鬆達到年收入一億圓」，但現實卻是拚命工作、年收入卻只有五百萬圓時，那麼要填補這九千五百萬圓的落差就會非常辛苦。

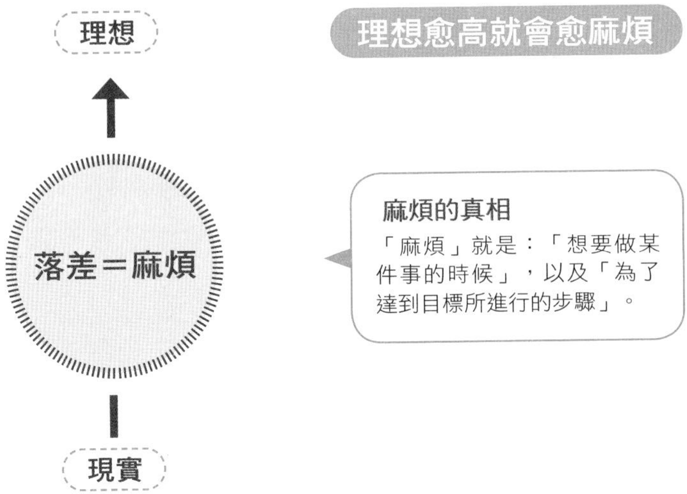
理想愈高就會愈麻煩
理想
落差＝麻煩
現實
麻煩的真相
「麻煩」就是：「想要做某件事的時候」，以及「為了達到目標所進行的步驟」。

要縮短落差的距離有許多方法，譬如取得MBA的學位、精進專業能力，或是充實股票知識靠投資賺錢，或是成為不動產估價的專家等。

然而，要拿到MBA的學位，必須先準備研讀MBA課程的學費，而這筆龐大的金額甚至超過年收入的五百萬圓。

學習操作股市也一樣。必須先進修股票相關知識才能進場投資，所以勢必得花費時間與金錢上補習班，或是需要閱讀大量相關的專業書籍。這些在學習時花費的資金必須額外準備，與實際投資時所運用的資金是兩碼子事。看起來這並不是什麼輕鬆的事。

換言之，當為了拉近現實與理想之間的做法愈明確，通常就會愈讓人因為覺得麻煩，進而認為絕對無法成功而放棄。

不過，如果發現「達到年收入一億圓的理想是件不容易的事」，就等於認清現實，進而能對自己的夢想做出調整。換句話說，若你的理想是只能靠一般方法按步就班達成的話，就能得知「為了達到年收入一億圓得賣命努力，並不是個理想的方法」。這或許是因為年收五百萬圓的現實已經很幸福了，也可能是發現了這個理想有些不切實際。

雖然有夢最美，但試著釐清為實現理想而需進行的步驟後或許會發現，其實「現實才是真正的幸福」。日文「放棄」這個詞的原意是「看清楚」，當出現麻煩的情緒時，很可能是你內在的真心話，正向你傳遞「這不是你的人生喔！」的訊息。

所以我的解讀是：麻煩＝能指引人生方向的燈塔。

總之，內在的真心話，往往都隱藏在「麻煩」這種情緒當中。透過有智慧地處理，以及誠實面對麻煩，或許就能更好地找到夢想與現實的切入點，進而提升並改造自己。

但人們往往只因為覺得麻煩，就抗拒處理這種情緒，進而削弱讓自己前進的力量，這真的是太可惜了。

因為怕麻煩，反而過著亂七八糟的人生

我在寫這本書的時候，想起了某人。

他是曾在我的研究小組裡上過課的田中健太同學。當時他大三，正值開始

思考未來求職的時期。現在他二十六歲，已經進入社會工作五年了，現在是某間家庭餐廳的店長，這間餐廳各位平常一定也曾光顧過。

在我遇見田中的幾年前，他對餐飲業根本毫無興趣。他的目標是成為稅務會計師。

當我問他原因時，他說：「我聽說到稅務會計師事務所工作的年收入會有一千萬圓左右，我覺得這樣很不錯。」

原來如此，很坦誠的回答，頗具這個世代年輕人的風格。

雖然很有想法，但田中仍苦惱不已。

「稅務會計師的考試就快放榜了，我想我應該是考不上了。」

「但你不是才大三？如果沒考上，明年不是還有一次機會嗎？」

「就算有一年時間，我也考不上啦！稅務會計師的考試超難的！」

「（這我早就知道了）那不如先到稅務會計師事務所上班，一邊累積實務經驗，一邊準備考試不就好了？」

「我朋友久保田也這麼說。他也說大學畢業後他就要馬上到稅務會計師事務所上班，說這樣能學到更多專業的知識。」

「就算考取了稅務會計師的資格，但如果沒有實務經驗的話，稅務會計師也當得名不符實。這的確應該是成為稅務會計師的正常流程啊！」

「但我媽媽說又不知道考不考得上，希望我還是先當個普通的上班族就好……」

田中鬼打牆似地大吐苦水之後就離開了。

他是個溫和的好好先生，本性並不壞，就是個性有點猶豫不決。在那次談話的最後，他還提到自己才剛被從高中時就開始交往的女朋友甩了。問他失戀的原因，他苦笑回答是因為對方無法忍受他溫吞的性格，批評他：「你不是溫柔，你是優柔寡斷！」看來前女友的見解可真是一針見血呢！

我每天都會遇到很多人，所以對於田中的事早就忘得一乾二淨了。直到不久後的某一天，他因為找到工作而又來到我的課堂上。

「託松田老師的福，在和你討論後，我總算找到工作了。」他開心地向我報告這個好消息，但看起來依舊很苦惱。

原來，田中按照母親的期望，進入一家在餐飲界中小有名氣的公司，但他並沒有放棄成為稅務會計師的夢想。他說自己現在是一邊工作、一邊上補習班準備考試，但他不習慣在工作時得站上一整天，下班後已經筋疲力盡到根本沒法唸書。

他的上司桐島先生，最重視外場的工作表現。雖然這位桐島先生只有國中畢業，但一路從基層升到了督導。田中說他老是被罵，很想離職。

「對客人態度不好就會被客訴，營業額不好也會被總部罵，真的超衰的……」

田中感嘆著。

我回想起他在學生時代的表情還比較開朗一點。

「因為我以後想要成為稅務會計師，所以總覺得家庭餐廳不是我的志向啊！而且，薪水那麼低，卻工作地像狗一樣累，怎麼可能會開心呢？唉！桐島先生總是氣得臉紅耳赤的，他說的話我是有在聽啦！但他那種充滿幹勁的精神，該怎麼說呢？有點像軍事管理的風格，我就是很應付不來啊……」

雖然田中希望未來能成為稅務會計師，但當他被現在這家公司錄取時，應該還是很開心的。在剛進公司的菜鳥時期也會覺得很緊張。時間一久，慢慢習慣工作環境之後，想要被肯定的想法自然會愈來愈強烈，也期待能夠加薪。而（按照當事人的說法）當周圍給予的評價不如自己預期時，隨著時間增加，覺得「麻煩」的心情就會不斷膨脹，久而久之更會深感不滿鬱悶，最後轉變成態度上的倦怠，完全失去工作的動力。

所謂的「工作」，就是要讓旁人覺得輕鬆

對於工作的期望，每個人都不盡相同。對我來說，我也有自己的想法與目標。

我選擇飛特族或曾被社會歧視、拒絕的人，用我獨創的培訓課程，把他們改造成可以立刻上手工作的人才，並以這一套「人才培育」為主要目標，為一千五百家公司提供業務工作的外包支援服務。除了設立公司外，也進行企業併購。

由我擔任董事長的 AsZ 控股公司，旗下相關企業包含中國、香港的法人在內，共超過二十家。再加上我也身兼投資者、教育工作者等多種角色，透過這些活動，我提出了「收入高達一億元的創業家計畫」的目標，想要努力打造出一個新型態的社會結構，讓人們在工作時也能保有個人風格。

這個計劃的目的是，減少被動的受雇模式。我期望的，不只是想增加個人創業家，而是能為日本增加更多不受限於企業框架、願意主動工作的人。我的終極夢想，是透過這個計畫，以及在武藏野學院大學這個學術界的活動，讓世界比現在更加和平。

但是否大學時代的我就懷有這番遠大夢想呢？其實並沒有。

當時，我工作的動機就只有「想過有錢人的輕鬆生活」、「想受到女孩的歡迎」等。對於一般人認為「要是能開跑車該有多帥」，或是「想要像富翁揮金如土般地奢華玩樂」這類的價值觀，我也能夠理解。畢竟，這些都不是虛偽的謊言，而是我打從心底湧現的想法與情緒，若不誠實面對的話，也只是自我欺騙，對任何事也都會提不起幹勁吧。

只是，這些話聽起來卻有些矛盾。如果因為討厭「麻煩」，所以想要輕鬆生活的話，不論職業貴賤，人們都應該去工作才對。如果一個國家的人民都不工作的話，這個國家就會滅亡；國家滅亡的話，生活就會變得麻煩。

想想看，要是為求溫飽，還得在寒風中大排長龍，等待領取義工烹煮救濟災民的熱食，肯定是麻煩得不得了。如果全日本都是為了領取失業救濟金而一再離職的人，又或是明明好手好腳可以工作，卻仰賴社會福利而游手好閒，日本恐怕就會滅亡。

當然，如果做出這樣的選擇，也是我們自己的權利。要讓國家滅亡還是富足，也全都取決於我們的意志。

據說有一種說法認為，日文中「工作（働く）」這個單字的字源是「讓旁人輕鬆（傍を楽にする）」，聽到這個說法後，頓時讓我對工作的本質恍然大悟。

日文中「傍」這個漢字是周遭、附近的意思，因此，所謂的工作，就是讓身邊的人，如家人、朋友，乃至更廣義來說的地方或社會，都能變得輕鬆。

也就是說，**為了自己和周遭的人的幸福而工作，也就是「讓旁人覺得輕鬆」，這才是人類社會正確的工作模式**。

但不知從何時開始，世俗對於「工作」的要求，已經開始走樣了。

根據前述提到工作的本質，如果你是一個為了自身的喜悅、期望而工作的人，就不會說出「為了××所以逼不得已才得工作」這類的話。一個人藉由工作，讓家人的生活變得寬裕、幸福，那終究也只是結果而已；我們擁有工作的「權利」、願意主動工作，而非視之為「義務」，這才是工作的真義。

然而，我們往往不站在個人的角度思考工作這件事，而是活在別人的期望下，為了迎合某些標準，做別人想要我們做的事情，走別人想要我們走的路，這究竟又是為什麼？

擔心讓別人麻煩，反而造成自己的麻煩

最近，我又重讀了自己在二〇一二年出版的前一本書《時薪八百圓的飛特族只花三年就年收入千萬圓的工作術》。書中提到為什麼日本人會失去自我，不敢發出不同的聲音或特立獨行。這讓我更確信，無論在過去還是未來，我持續在思考的事情並沒有改變。那就是，對於「察言觀色」這件事的看法。

「察言觀色」的日文是「讀空氣（空気を読む）」，這是指能正確地理解現場氛圍，並做出適當的言行舉止。這種行為也反映了日本文化中特有的細膩與貼心。因為害怕給別人添麻煩，又或為了顧全大局，個人就需要比較忍耐，這樣才會被認為是懂禮節，識大體。

日本人是重視團體和諧、群體遠勝於個人的民族。當外國觀光客看到日本人自動自發在車站月台上排著整齊的隊伍候車時，無不大吃一驚。可是這種崇

尚共同體，講求整齊與秩序感的特性，也演變成一種強烈的趨勢，那就是：不能給他人帶來困擾，不能擾亂團體，不能做出任何不必要或引人注目的舉動。

以前，當「ＫＹ」[1]（直譯是「不讀空氣的人」，也就是白目，凡事只顧著自己，對周遭臉色和氣氛渾然不察的人）這個說法流行時，是種負面的形容詞，會令被批評的人不高興。所以當有人開玩笑地對我說「松田元很ＫＹ」時，我也會加以反駁，糾正對方說道：「我不是ＫＹ，我是ＡＫＹ。」

所謂的「ＡＫＹ」[2]是我自創的說法，意思就是「故意假裝不會察言觀色」。在前一本書裡，我提倡了「ＡＫＹ」精神的重要性，也就是要以保護自己工作的權益、求取最終勝利為最優先考量。在尊重同事或客戶想法的前提下，有時也需要故意表現得很白目，又或是裝傻。

1　是日文「空気（Kuuki）を読まない（Yomanai）」的簡稱。

2　是日文「あえて（Aete）空気（Kuuki）を読まない（Yomanai）」的簡稱。

為什麼我會這麼說呢？因為，在職場上若是在意他人的眼光或想法，就無法成就大事業。例如，擔心自己若是要求延後交貨時間，會造成對方的困擾；害怕自己若不接受偏低的製作費，以後都會接不到案子……若總是像這樣顧慮對方的感受，工作以失敗告終的可能性就會很高。

日本人視體貼他人心意為美德，他們會認為KY的人固然沒有風度，但AKY是明明已經感受到周圍凝重的氣氛，卻還故意裝傻或視若無睹，更是惡劣。

我認為日本人這種過度察言觀色的美德，或許是因為在團體中工作，總是希望儘量避免產生紛爭、失和等麻煩事。結果，卻衍生出多一事不如少一事、一拖再拖、推卸責任等陋習，甚至不願花頭腦思考，就直接把「麻煩事掩蓋起來」。換言之，**太在意別人想法的這種行為，已經讓日本人對於「麻煩」這種情緒的感受愈來愈遲鈍。**

向上司提出意見被嫌惡的話很麻煩，提出和大家不同的意見時會發生爭執也很麻煩。我認為，正因為日常生活中我們總是揣摩他人心思、害怕得罪別人，擔心被群體排拒，所以才讓麻煩感受器退化，感覺也變遲鈍。

怕麻煩的人，早晚麻煩一輩子

前文中介紹過的田中，他的理想是成為稅務會計師。但在學期間，他並沒有考上稅務會計師的資格。於是他的母親對他說：「這樣下去還是考不上的話該怎麼辦？還是先找個像樣的工作吧？可以一邊工作一邊準備考試，要到稅務會計師事務所工作的話，等考上後再說也不遲啊！」

聽完這番話，在意他人想法的田中，就決定遵從母親的期望，將自己的理想完全暫放一邊。

你覺得田中是個糟糕的人嗎？

我曾告訴田中，要好好過自己選擇的人生。看到他回答我「喔……」的表情，我就知道他一定覺得我說的事真是麻煩透了。

一個人的回答是否有心一聽就知道，人們為了在當下敷衍了事，往往會無意識地說出一些如「是」、「我知道了」這類的回應以虛應故事。而且，在與朋友、家人或公司同事相處時，也很容易把決定權交給別人，凡事都由他人做主。

你的身邊一定也有些人總是愛把「好麻煩喔！」、「好懶得做喔！」、「累死了！」當成口頭禪一樣掛在嘴邊。類似田中這樣的人並不在少數。

我認為，雖然並非所有人都需要「克服」麻煩（理由會在第七章說明），但至少要「面對」麻煩這種情緒。如果按照我的建議，把麻煩分類、上色後，就會瞭解「真的麻煩」其實根本就不到10％。

當你深入探究真的麻煩後，還是心生排斥或抗拒的話，有可能是因為你對理想的設定出了問題，導致現實與理想出現很大的落差。或許，你所設定的理想，根本不是你真正期望的理想，又或只是遙不可及的夢想。

就像田中一樣。

第三章 從麻煩中發現寶物

步驟一——分解

從這一章開始，我將使用第一〇三頁以及書末拉頁所附的「麻煩表格」，來說明「丟掉90％假的麻煩，找出並面對10％真的麻煩的方法」。

具體的操作步驟，就如序章裡所說明的一樣，可以總結成如下面所示的四個步驟。

- 步驟一……分解麻煩（將麻煩因數分解）
- 步驟二……把分解後的麻煩上色（將麻煩視覺化）
- 步驟三……丟掉90％「假的麻煩」
- 步驟四……面對剩下10％「真的麻煩」

把麻煩因數分解的麻煩表格

第一個「分解麻煩」的步驟，又稱為「麻煩的因數分解」。這個步驟的目的在於把莫名感受到的麻煩，拆解成更細微的元素，藉此讓自己深入了解覺得麻煩的真正原因。

首先，在麻煩表格裡寫出你所感受到的麻煩事。不管寫幾個都沒關係。這個表格並不會被其他人看到，所以就算是雞毛蒜皮的小事，甚至是無法告知他人的隱私，也能光明正大地寫出來。

舉例來說，假設你是覺得每天通勤上班很麻煩的上班族，那麼就在「寫出麻煩」的欄位裡寫下「通勤上班」。如果是學生的話，那就是「通勤上學」。

接著，請一邊審視「通勤」這兩個字，一邊仔細思考。當你在通勤上班時覺得很煩人時，這個情緒到底是從何而來的呢？再於「分析麻煩」的欄位裡，一一寫下你想到的任何理由。例如：

1. 必須走一段路去搭電車。
2. 電車的車程很長，路途遙遠。

3. 電車裡很擠，而且沒有位子坐。

4. 要和討厭的上司搭同一班電車，得跟對方聊天。

5. 想到到站後還得上班一整天就覺得累。

我因為覺得要搭電車通勤上班真是件苦差事，索性就不當一般的上班族，一週五天都得搭電車搖搖晃晃、長途跋涉去公司的辛苦程度，已經完全超出我的想像了。

連我光是稍微動一下腦筋都能想出五項原因，各位當事人能想到的一定會比我更多吧。

在這個思考「為什麼覺得麻煩」的過程中就會發現，令人感到麻煩的理由不一而足。根據我的調查，當人直覺感受到麻煩時，往往都能將這種感覺再細分為至少五至十個原因。

讓頭腦變清爽的「麻煩表格」

❶ 寫出麻煩

麻煩事：

❷ 分析麻煩

麻煩指數（%）

	麻煩指數（%）
□ 1.	%
□ 2.	%
□ 3.	%
□ 4.	%
□ 5.	%
□ 6.	%
□ 7.	%
□ 8.	%
□ 9.	%
□ 10.	%

即使丟掉也無妨的麻煩

在這個階段，有時你或許會覺得「咦？寫出來後，好像也沒有原先想得那麼麻煩嘛！」這是因為，如果想法只停留在大腦中，人就容易變得主觀；但如果把想法寫在紙上，在畫寫的過程中，我們會釐清自己的思緒，條理分明地做出整理，並分辨出優先順序與重要性。經過客觀的審視後，就會發現原先沒想到的缺失，也可以觀察到一些微不足道的小事，卻極度佔據你的腦容量。

因此，藉由分解麻煩，把無形的想法可視化，就能迅速將混亂的思緒加以分類歸納，進而找出自己覺得「麻煩」的真正原因。

如果發現原本以為麻煩的事，其實並不如想像中麻煩，光是這樣的領悟就能放下心中的重擔，產生療癒的效果。這就是在序章裡結論所說，面對麻煩能獲得的其中一種好處。

走錯路的人生

前一章裡介紹了夢想成為稅務會計師的田中。他在大學三年級和四年級時，都沒通過稅務會計師的資格檢定考試。此時，理想與現實之間已經出現很大的落差，按照常理，他應該會覺得自己的夢想有點遙不可及了。

然而，田中有個與他懷抱同樣夢想的朋友久保田，雖然和田中一樣，在學期間參加會計師考試也都名落孫山，但他效法許多想要成為稅務會計師的人，在大學畢業後就立刻進入會計師事務所上班。

反觀顯然已經沒有退路的田中，卻表示想用自己的方式試試看，而進入一家與會計師這個行業毫不相干的餐廳工作。

為了成為稅務會計師，需要具備「資格」與「經驗」兩項技能：

- 通過國家考試（資格）

●在稅務會計師事務所或相關機構工作達一定的時間（經驗）

眾所周知，稅務會計師的考試是個難度極高的挑戰，為了通過考試，必須極其努力。換言之，這個考試就是大魔王，是真的麻煩。

但田中的母親告訴他：「這樣下去還是考不上的話該怎麼辦？未來前途堪慮，還是先找個正職再說吧？」

這種沒完沒了地一直碎碎念，真是很令人厭煩。我也很討厭別人對我說教，所以很能理解這種心情。

「啊～老媽一天到晚嘮叨個不停，真討厭……」

田中為了過「不被抱怨的生活」，於是在沒有自覺的情況下，不但省略了分解麻煩的步驟，還更離譜地選了一條離夢想更遙遠的岔路。

原本他以為可以邊工作邊準備考試，於是繳了昂貴的學費，去上證照輔考的補習班。但因為常需上夜班，所以他不但沒辦法去上課，每天下了班也疲憊不堪，回到家已沒力氣念書。

如果能冷靜思考，就會發現一件事。

想要準備稅務會計師的考試，就必須確保有充分的時間可以唸書。但田中選了餐飲業，應該事先就能預想到得工作到很晚，即便週末也一樣。服務業，尤其是餐飲業，目的就是為了讓人們在夜晚或假日能夠愉快用餐，並讓親朋好友間可以藉此交誼與維繫感情，所以田中應該很容易就能推論，自己根本無法有時間去補習班上課。

田中對他的朋友久保田說自己想成為稅務會計師前，並沒有深入思考過自己為什麼想成為稅務會計師，再加上被母親愛面子、怕丟臉的意見所影響，結果決定先在餐廳工作。若從「實現理想」這點看來，田中真的是做了一個徹底錯誤的選擇。

現在二十幾歲至三十幾歲的人，總是容易不自覺地就按照父母或社會為我們鋪好的路走，過著不是自己選擇的人生。大概是因為年輕世代覺得，這麼做的話父母會很開心，也不用擔心自己標新立異而被世俗投以異樣的眼光，所以默默地就接受了吧。

要反抗父母很麻煩，看見父母傷心的表情也會心煩，要是被周圍的人說長道短更是討厭。愈是想要迴避麻煩，麻煩的感應器就會變得愈遲鈍，久而久之對人生所有的一切都變得被動。很多人甚至對於自己的夢想被父母破壞或潑冷水也不以為意，這是我覺得很不可思議的事。

在傳統價值觀中，一個人一輩子一定要有一間自己的房子、只要進了大公司就等同被終身雇用而不用擔心失業……等，這些都已不是現在這個世代欲追求的理想，而是他們父母那輩的價值觀。我並沒有要否定這種追求安穩的想法，只是我們也必須察覺到，隨著時代的演變，這些看似牢不可破的定理不再是無法顛覆的真理，現下年輕人的夢想，早已與父執輩所追求的大相逕庭了。

而且在我父母那一代年輕的時候，正值泡沫經濟時期，景氣繁榮，日子過得非常不錯。只要正常工作，就能領到年金與退休金，也買得起房子。但現在，以一般上班族的年收入，可能註定得當一輩子的無殼蝸牛。如果是雙薪家庭，或是有儲蓄習慣的人，或許還能在需要花長時間通勤的地點買到房子，但在東京市中心等地則難如登天。

我碰過很多人，他們對未來抱持相當不樂觀的態度，覺得既苦悶又無望。因為他們的夢想，早已硬生生被社會的殘酷現實所粉碎。

打倒生命中的大魔王

田中因為已經習慣接受父母洗腦般的說法，所以甚至連想都沒想過，可以試著耙梳麻煩，化「煩」為簡，進而消除麻煩。

如果由他來填寫「麻煩表格」的話，應該會在「麻煩事」的欄位裡寫上「母親老愛碎碎念」吧？在這裡，我就試著以田中的心情來寫寫看。

1. 因為老媽在說教，害我不能專心看喜歡的電視節目。
2. 老媽的碎念又臭又長，實在有夠無聊！
3. 和老媽待在一起真是浪費時間。
4. 覺得自己的夢想被否定了，心裡很不爽。
5. 沒人了解我為何想成為稅務會計師。

6. 會被別人發現自己其實也沒有那麼想成為稅務會計師。
7. 會被發現自己沒在唸書。

透過這樣的抽絲剝繭，就會漸漸發現，原來「麻煩」這看似單一的情緒，其實也包含了各式各樣的原因在其中。雖然我沒確認過田中本人的想法，但我站在他的角度稍微揣想，就能想到這麼多麻煩事。

以1或2來說，如果母親的嘮叨不是發生在播放田中所喜歡的電視節目時，或者是在他得空可以忍耐疲勞轟炸的時候，或許就不會覺得那麼心煩了。

至於3的話，跟求職這件事相比，和母親之間的關係才是田中真正的困擾。

4聽起來似乎是很有道理，但如果連說服母親的勇氣都沒有，真的還能稱為「夢想」嗎？

5、6、7這幾件事，令人覺得麻煩的原因則在於更根本的事情上。也就是說，稅務會計師根本不是田中真正的夢想，他的動機僅止於「不知為何，就是莫名嚮往這個職業」而已。

是不是只要稍微進行一下分解的作業，就產生許多讓你意想不到的新發現？

我最愛打電動了，所以經常拿電玩遊戲來做比喻。

假設我們打怪時接二連三過了很多關，在最終面臨要打倒大魔王的時刻，光是不斷發動猛烈攻勢是不夠的，若只是做無謂的攻擊而毫無計畫地使用能量的話，終究也敵不過大魔王。

集中所有的能量與智慧，在該出招的時候一股作氣，就能祭出致命一擊，扭轉頹勢，一舉擒王。

我認為，為了克服某些重大的課題或關卡時，「抉擇」和「集中」是不可或缺的致勝關鍵。

而本書中所謂的重大關卡，就是「面對10％真的麻煩」這個大魔王，這同樣也需要擁有做出選擇和集中處理的能力。而「分解」這項作業，就相當於做出「抉擇」。

寫下，就會讓頭腦變清爽的思考整理術

或許你曾經寫下自己的目標、將來的夢想，但相信絕大多數的人都不曾將麻煩記下來逐一分析。也因此，或許很多人對麻煩表格都抱持很負面的看法。

不過，請各位一定要試一次看看。將抽象而片段的感覺，變成眼睛看得到的文字，確實能讓人跳脫混沌不清的狀態，以更客觀的角度將想法加以組織、整合，頭腦頓時也會清爽不少。

或許各位會覺得，分析又不是什麼難事，光是這樣做也不會有什麼改變吧？但這第一個步驟，其實扮演了很重要的角色。

麻煩不會因為我們的拖延、敷衍和拒絕面對就憑空消失。然而趨樂避苦是人的本性，面對麻煩，得到拖延病的絕不是只有田中而已。若非自覺與刻意自我提醒，許多人其實都是在逃避與閃躲麻煩中度過。

逃避現實，拒絕面對麻煩，鴕鳥心態地以為眼不見心不煩，或自我安慰事情過去了，最後會發現麻煩不但如影隨形，更會讓原本可以避免的小困擾像滾雪球般演變成大麻煩，最後把自己弄得筋疲力竭。

我在研究班或研討會上擔任講師時，每次都覺得很不可思議的是，大家都不做筆記。這個現象也同樣出現在學生身上，課堂上甚至有人連筆記本都沒翻開來。

或許是大家在我笨嘴拙舌的談話中沒有什麼收穫，但應該至少會突然靈光乍現想到什麼，或聽到一些會令人眼睛為之一亮的關鍵字吧。

我習慣把重要的事情寫下來，不管是記在電腦上或是紙上。**我真的很推薦各位養成「邊寫邊思考」的習慣，這是一種很棒的思緒整理術。**

如果各位曾經參加過商業類型的研討會，或許聽過「傾腦而出（brain dump）」這個說法。

傾腦而出是指把大腦想到的事寫在紙上，並以此為基礎，擬定今後的行動計畫。這跟「分解麻煩」的原理是相同的。

此外，把自己腦中的想法寫下來，有助於整合片段而零碎的思緒，並能穩定心情。這也常見於心理治療的手法當中，譬如一種稱為「角色書信療法[1]」

1 角色書信療法是日本學者春口德雄於八〇年代早期開創的臨床心理諮詢與治療方法。要求諮詢者站在自己和他人的立場，進行角色交換，並通過書信來往的方式向對方傾訴，在過程中逐漸意識到自身的矛盾與困境，進而解決問題。

的療法，就是透過寫信把無法說出口的心情化為文字。

白紙黑字記在紙上，也有助於提高學習效率。譬如，有些學生會來問我在上週課堂曾說過的事。他們不是因為「聽不懂」而來問我，而是來問我「說過哪些內容」。也就是說，他們之前根本什麼都沒聽進去。不，正確來說，他們是聽了，但因為沒有做筆記，所以全都忘光了。

這些學生可能是上課時很想睡，或是打電動打到入迷，所以覺得聽課很麻煩吧。

但如果不專心聽講的話，後續的課程就會跟不上進度，也沒辦法準備考試，結果甚至可能會不及格。如果只因為一次上課沒認真聽講，就被當掉還得留級的話，這才叫麻煩吧？

這就是因為不面對眼前的麻煩，導致後來遭遇更大麻煩的最典型例子。

若是將每次上課聽到的內容都好好筆記下來，不但可以省下還得跑來問我的麻煩，留級的可能性也大大降低。

如今的數位時代，用紙筆做記錄或許已經是過時的方式，不少人都利用智慧型手機的相機功能，拍下寫在白板上的板書。但無論是用什麼形式，重要的是要勤做筆記，留下記錄。

這項「書寫」的作業，還能活用在面對麻煩之外的事情。只要養成了習慣，將來一定有很多時候會產生「感謝老天，還好我當時有記下來～」的慶幸，又或是根據有憑有據的文字記載會讓人覺得安心不少。

怕麻煩的你，快起身力行，寫下麻煩，把你的煩惱死結一一打開吧！

解決「麻煩」的步驟一——分解麻煩

- 人類天生就希望逃避麻煩，只想快快樂樂過日子。所以常一遇到麻煩事就遠遠躲開，眼不見為淨，自我安慰事情過去了，接著人生又像靠自動導航般，繼續無意識地運作，日復一日過著毫無進步的規律生活。若不自覺地刻意採取行動，便很難鼓起勇氣面對麻煩。
- 首先，就從分解麻煩，也就是將麻煩因數分解開始。
- 儘可能把讓你覺得麻煩的每一件事，細分拆解成五至十個因素。有時在這個步驟就會發現，你所列舉的事其實並沒有你想像中麻煩。
- 分解麻煩有助於釐清自己內心覺得麻煩的真相。
- 做筆記這件事，也能活用在面對麻煩之外的事上。請務必養成習慣。

第四章

從麻煩中發現寶物

步驟二——上色

在上一章，說明了步驟一「分解麻煩」。這一章，則要說明步驟二「為麻煩上色」。

我認為，這是一項「讓麻煩視覺化的作業」。雖說是作業，但真的很簡單，就是為表格上色而已。把它想成是「著色圖」也完全沒有關係。

為麻煩上色，區分輕重層級

讓我們一起來看看你寫下麻煩事的「麻煩表格」。

這裡，我們用第三章裡舉例的麻煩——「通勤上班」來說明。

在「麻煩事」的欄位裡寫上：「通勤上班」。

在「麻煩的原因」的欄位裡，有幾項讓你覺得麻煩原因。

1. 必須走一段路去搭電車。

2. 電車的車程很長，路途遙遠。

3. 電車裡很擠，而且沒有位子坐。

4. 要和討厭的上司搭同一班電車，得跟對方聊天。

5. 想到到站後還得上班一整天就覺得累。

這五個原因對你而言，有多麻煩呢？為了推估其程度的高低，我們以100%為最高值，以此為標準，為每項原因個別標上「麻煩指數」，同時也請仔細思考箇中緣由並加以分析。

1. 走到車站要五分鐘，如果碰到下雨或下雪的時候會很麻煩，但天氣好的時候也還蠻舒服的，所以麻煩指數是40%。

2. 從家裡出發到抵達公司，共要四十九分鐘的車程，時間的確很長，但很喜歡現在住的公寓，所以不想搬家，麻煩指數是30％。

3. 如果在電車裡有位子坐的話該有多舒服啊！但乘客多到從來沒能坐下過，所以很遺憾的是，這一項的麻煩指數是50％。

4. 不想一大早就得繃緊神經，討上司歡心，所以麻煩指數是80％。

5. 每天早上一想到工作的事就覺得心情沈重，所以是70％。

關於指數或分數，可以像上述的方法一樣，針對各項原因去思考所佔的百方比，也可以把自己列舉出的所有原因（在此例中有五項）合計為100分，然後思考每項原因分別各佔幾分。

決定了麻煩指數之後，剩下的就簡單多了。只要按照指數的高低，把麻煩表格中的各項原因分別著色。不管用何種顏色都無所謂，譬如麻煩指數最高的用紅色，次高的用橘色，麻煩指數最低的用黃色等，隨你高興，自由選定。

把麻煩看清楚

請看一下現在變得色彩鮮豔的「麻煩表格」。相信你會發現，你直覺認為一團混沌的麻煩事，從顏色看起來，其實也有不同程度的輕重之別。

按照指數高低，試著拆解麻煩時，可以發現在「通勤上班很麻煩」這個「表面情緒」的背後，隱藏著「內在情緒」的心情。

「車程長達四十九分鐘的確很辛苦，但因為很喜歡這個走路五分鐘就到車站的公寓，所以也不想搬家。如果要維持現在的生活方式，搭電車通勤上班也是莫可奈何，就只能看開囉！其實，也沒有那麼麻煩啦！比這更麻煩的是，可能會遇到同一條路線上班的上司，而且到公司後馬上就要開始工作了！」

會在電車裡遇到上司，的確很難應付。又不能裝作視而不見，但一大早就得費盡心思想聊天話題，在擠滿人的電車上一直聊不停可能也會打擾到其他乘客。才一大早，頭腦都還沒清醒，就得全力運轉，一直和上司聊天搏感情，用這樣的方式做為一天的開始真是太累人了。這無疑是個大麻煩。

相信你也有過類似下面這些經驗吧。

- 雖然知道對方是誰，但只是「朋友的朋友」，完全不熟，見面時無話可說真是超尷尬的。
- 雖然知道對方是孩子同學的媽媽，但彼此從未交談過。
- 覺得應該是住在同一棟公寓樓上的鄰居，但不知道對方的名字。

要和這樣不熟的人長時間處於同一個空間裡，任誰都會覺得彆扭，所以應該很多人對於這樣尷尬的事都能感同身受。

而且，通勤上班之後等著我們的正是惱人的工作。工作之所以麻煩，在此已無須多贅言。在第二章裡，我的確曾說過「工作不是義務，而是權利，是為了讓旁人輕鬆而自願工作。」雖然理智上我們很明白這個道理，而且能有工作可做這件事就很值得感謝了，但要上班時還是會覺得心不甘情不願的。所以我們每天都在思考：因為麻煩，所以常一心期望能早早下班，或是苦思如何才能有效率地完成工作等。

這裡希望大家注意的是，一開始在「麻煩事」的欄位寫的明明是「通勤上班」，但可以發現真正覺得麻煩的事，卻是「在電車裡遇到上司」和「通勤上班後就得專心工作」。

在討論如何處理麻煩事之前，透過這個「將麻煩視覺化」的步驟，就會有新的發現，譬如：

「原來真讓我覺得麻煩的，並不是我原本認為的那件事。」

「原本覺得挺麻煩的，但什麼啊！根本就沒什麼大不了的！」

在步驟一時，或許仍處於模糊狀態的抽象情緒，在透過指數或分數的評比後，會具象化。平常隱晦不清的內心世界，也變得澄澈清晰。這就是「為麻煩上色」的最大益處。

這個發現，真的能讓你的心情輕鬆不少。比「加油喔！」、「別認輸喔！」等這類無關痛癢安慰話語，更能讓你感到平靜。

於是，我們就能做好萬全的準備，面對麻煩的純粹本質。

重要的事，都是很麻煩的

現在，再度回到田中的例子。

如果田中在「麻煩的因數分解」這個步驟上沒有偷懶的話，他的人生應該會有截然不同的大轉變。但他連想都沒想，就全盤接受了媽媽的要求。

如果田中用麻煩表格進行上色作業的話，他會看出些什麼呢？

在此，就以第三章裡分解麻煩後的原因為範本，也試著來上色看看。完成圖如第一二八頁。

1或2，如果母親的嘮叨不是發生在田中喜歡的電視節目播放時，又或是田中心有餘力可以接受疲勞轟炸的時候，或許就不會感到麻煩了，所以麻煩指數是30％。

至於3的話，跟求職與前途相比，和母親的關係才是大問題。但田中還挺孝順的，聽說每年一定會和家人一起去家族旅行，所以麻煩指數是20％。

4因為沒有足以說服母親的理由，就這點來說相當困難，所以麻煩指數是80％。

田中的麻煩表格

理想：成為稅務會計師

麻煩事：（關於求職、未來前途）母親的說教

即使丟掉也無妨的麻煩事（可複選）

			麻煩指數（%）
☑	1.	因為老媽在說教，害我不能看喜歡電視節目。	30 %
☑	2.	老媽的說教又臭又長，聽了超煩的！	30 %
☑	3.	光是和老媽待在一起就是浪費時間。	20 %
☐	(4.)	覺得自己的夢想被否定了很不爽。	80 %
☐	5.	沒人了解我為何想成為稅務會計師。	70 %
☐	6.	會被發現自己其實也沒那麼想要成為稅務會計師。	70 %
☐	7.	會被發現其實自己沒有在唸書。	70 %
☐	8.		%
☐	9.		%
☐	10.		%

把真的麻煩圈出來

現實：在學校時，兩次都沒通過稅務會計師資格考試

5、6、7，因為其實根本沒在唸書，也不是真的對稅務會計師的工作感興趣，所以麻煩指數是70%。

田中來找我商量時說，只要成為稅務會計師，年收入千萬圓也非夢事，所以才會有這個志願，但他又說：

「稅務會計師的考試就快放榜了，我想我應該是考不上不了。」

「就算還有一年的時間，我也沒辦法啦！松田老師，稅務會計師的考試超難的！」

從這些毫無自信的言語中就可得知，田中對於「成為稅務會計師」的夢想，其實並沒有那麼認真。

若是真心想要成為稅務會計師的人，就會認清要通過資格檢定考試的確非常困難，但即便如此，因為是真心的嚮往，所以還是會盡全力挑戰這個難關，期望能實現夢想。而在努力後的獎賞，就是年收入能高達一千萬、甚至是兩千萬圓之譜。

對田中而言，10%真的麻煩應該是「為了成為稅務會計師的辛勤學習與充分準備」，然而，從他之前的言行舉止看來，似乎都不是認真想成為會計師。感覺上他只是覺得，因為朋友久保田也想成為稅務會計師，能自稱稅務會計師這件事很酷，也一定會很受女孩歡迎。

田中因為優柔寡斷而被女朋友甩了，因此他覺得如果考上了，或許女朋友就會對他說：「沒想到其實你蠻厲害的嘛！」甚至能和他重修舊好。他似乎是抱持這些莫名的想像，才想成為稅務會計師的。

換言之，田中想成為稅務會計師的理想，其實並不是他真心想要的夢想。

而在他開始忙於工作之後，要成為稅務會計師所必須付出的努力，已經成為極度的麻煩，麻煩到他完全沒有時間理會，於是乾脆放棄唸書不做準備了。

由於他一開始的動機只是「莫名地嚮往」，所以他並沒有全力以赴，這份努力當然也堅持不下去。

上了色的麻煩表格不僅幫助我們釐清了真的麻煩，更清楚地指出了我們人生的方向，告訴我們：「你該選的道路不是這一條喔！」

適才適性，才能樂在工作

如果有一個人在工作時動作慢吞吞又愛打混的話，在認真工作的人看來，一定會覺得很火冒三丈。

「那傢伙明明一直在聊天都不工作，竟然還領一樣的薪水耶！」

「只要到了要抬重物的時候，那傢伙就會突然不見。我卻要揮汗如雨搬得要死！」

碰到這樣的情況，任誰都會暴跳如雷吧！田中的同事想必也是有同樣的心情。而且，連他的督導桐島先生也對他很火大。此外，田中也被不斷客訴，想必他在工作上一定有很大的問題。

當初，田中沒有先做完分解麻煩的步驟再慎重選擇職業，反而跳進服務業，結果導致他遇上一個連自己也沒料想到的大麻煩。他不但離通往稅務會計師的路愈來愈遠，每天上班時還常常挨罵，一件好事都沒有。

從事服務業，必須具有細心與耐心，時時注意禮貌並面帶笑容，以客為尊，某種程度來說，對客戶的要求也必須逆來順受。一個人適不適合這個行業，真的得視個性而定。

不過，我相信桐島先生並不是只因為無法忍受田中的工作態度才責罵他。我長年從事人才訓練與培育的工作，所以很理解主管那種「愛之深，責之切」的心情。

我公司主要的工作，就是承接外包業務、行銷與開拓新客源，而且完全採取業績制。因此，如何培育出可以代替客戶從事業務工作的人，就成為重要關鍵。

從我多年的經驗中得知，無論我如何努力訓練，不適合業務工作的人，很快就會離職；但即使是一開始表現會令人替他捏一把冷汗的人，只要擁有「業務魂」，就會在學習中不斷成長。

換言之，任何職業都有所謂的「適性」。

長年以來，我培育過大量的人才，在某種程度上，我已經能用第一印象來判斷「這個人適不適合做業務」。即使缺乏相關經驗，但只要我覺得這個人具有適合從事業務工作的特性，就會給予嚴格的鞭策與指導，因為希望他能盡快獨當一面。

田中很害怕桐島先生，認為對方過於嚴厲，但我認為是因為桐島先生感受到了田中的潛力；而田中卻因為還癡心妄想未來能成為稅務會計師，遲遲不願認真投入工作。這種不認清現實、搞不清楚自己到底要做什麼、人生沒有方向的活法，令桐島先生既生氣又惋惜。

其實，田中只要用心工作，或許就能發現自己其實是適合從事業務的。但因為他嫌麻煩而選擇拒絕面對現實，所以才演變成令人遺憾的結果。這正是所謂的「當局者迷、旁觀者清」。

享受上色，讓自己變得更積極

回到「為麻煩上色」這件事。

這是非常愉快的步驟。請以童稚之心，用享受塗著色本的輕鬆心情來進行。

指數較高的麻煩，就用比較醒目的顏色，或是自己喜歡的顏色，讓自己對它有好印象也無妨。

從視覺上所獲得的資訊，會帶來較大的衝擊。有效活用這份力量，就能把它導向正面的方向。

在這裡，我讓各位看一下本公司員工使用「麻煩表格」著色後的樣子，這項上色的作業也能顯現出每個人不同的個性。

此外，在評分的過程中，如果你會在「這個是10％嗎？還是20％呢？」細微估比的些小差距之間猶豫不決，就表示這些原因對你而言，極有可能並不麻煩。

也就是說，在列出並分析各項要素的第一與第二階段，你已經先整理了自己的心情，並在內心完全消化完畢了。所以，大可把這些原因視為不值得一提的小麻煩。

麻煩表格的著色範例

理想：成為年收一千萬圓的業務員

麻煩事：開發新客戶

即使丟掉也無妨的麻煩事（可複選）

可複選		麻煩事	麻煩指數（%）
☑	1.	接受教育訓練	10 %
☑	2.	擬定話術	10 %
☑	3.	電話約訪	40 %
☐	(4.)	列出目標客戶清單	80 %
☑	5.	拜訪客戶	20 %
☑	6.	提出估價單	20 %
☑	7.	打追蹤電話	40 %
☑	8.	打追蹤電話	10 %
☐	9.		%
☐	10.		%

把真麻煩圈出來

現實：年收入兩百萬的業務員

我曾多次提及，在受到察言觀色制約的外在因素，以及體內恆定機制影響的內在因素交互發揮作用時，人類會出現迴避麻煩的傾向。

所以，明明對你而言並不是太麻煩的困擾，很有可能只是因為身體防禦能力的運作，讓這些原因在輸入你腦中時被偷偷調了包，所以才讓你覺得它們是非常麻煩的事。

在經歷了「分解」與「上色」的階段後，應該被丟掉的90％假的麻煩，是不是變得很顯而易見了呢？

我有時也會擔任員工教育訓練的講師，所以非常理解老闆或主管在雇用與培育人才時有多麼煩惱。

企業在面試員工時，通常會進行各種性向測驗來做為錄取與否的判斷基準。性向測驗是用來檢視每個人與生俱來的性格與後天具備的知識技能。而我則會讓已經有兩、三年工作經驗的員工填寫麻煩表格。當員工進行從麻煩中發現寶物的四個步驟之後，就會發生改變，進而成長、進步。

我認為，沒有任何一項工具比這更有效。

解決「麻煩」的步驟二——上色

- 為麻煩上色，是為了從第一個步驟「分解麻煩」的原因中，更進一步瞭解自己所感受到的麻煩真相。
- 把各項原因的麻煩程度，轉換成指數或分數值。
- 按照數字的高低分別上色。如此一來就能理解，造成麻煩的原因，其實也有程度輕重的分別。這就是把麻煩視覺化的好處。
- 這個步驟還可以幫助我們整理心情，釐清思緒，讓我們發現很多曾覺得麻煩的事，其實並不如想像中麻煩。

第五章 從麻煩中發現寶物

步驟三——丟棄

會有「麻煩事無所不在」的心情是正常的，因為人生的確就是由一連串的麻煩所組成。

在第三、第四章裡，分別說明了步驟一的「分解麻煩」與步驟二的「替麻煩上色」。符合10％真麻煩條件的，就是一眼就可清楚辨識出分數最高，或是在麻煩表格上色後顏色最深、最明顯的部分。其他的90％，則都是庸人自擾的小事。

只是，我們往往迴避問題核心，而困在無關緊要的枝微末節中。

如何能走出盲點，看清重點，並斷絕「推拖拉」的拖延病，與90％假的麻煩斷捨離，是本章要說明的內容。

從過去的經驗中，尋找面對挑戰的勇氣

我在此所說的「丟掉」，並不是指逃避或遺忘，而是要勇敢面對「覺得麻煩」的情緒，並加以細細分析與梳理。

我想，關於「丟掉」的這個步驟，是最難做到的。

我們自小就被教導要愛惜物品，所以或多或少都會對「丟棄」這個行為感到抗拒。尤其對有囤積癖，又或是佔有慾強烈的人來說，這個舉動更是痛苦。

不過你在第四章中，已經完成上色步驟，對於麻煩這種感覺的想法可能多少已經有些改變了吧？當你冷靜而真心地面對麻煩時，應該就會感覺到「其實也沒那麼麻煩」。像這樣從負面的觀感，轉變為正面的想法。

打個比方。如果你走在一條看不到盡頭的漆黑道路上，當然會覺得恐懼、忐忑不安；但如果在黑暗中能有手電筒照亮我們前方的路，哪怕光線再微弱，

也能讓人心生安全感，多少消弭些緊張的心情。

同樣地，當你能將虛幻的麻煩視覺化，就能看清麻煩，既而轉念，發現是自己把事情複雜化，警戒過頭了。

現在，請你先靜下心來，想想以前曾經歷過的麻煩事與解決之道。

- 過去我也曾經有過類似的經驗。
- 現在的情形就像我當時碰到的工作難題一樣。我記得那時是採取這樣的方法處理。
- 以前和先生大吵時，只要做了他喜歡吃的奶油燉菜就能和好如初。
- 雖然我面對人群容易緊張，但兩年前的辯論大賽也曾拿過冠軍，所以這次應該也沒問題。

換言之，只要能夠確實進行分解與上色的步驟，就能減少對於一團混亂的防衛或抗拒，進而產生「若只是這種小case，我相信自己一定可以克服」的自信。

只是，在「丟掉麻煩」這個階段，並不會產生用肉眼就能觀察到的變化，也還不需要付諸任何實質的行動。

在這個過程中，你獲得的是心理上的轉變。像是：「這些事其實也沒什麼大不了嘛！趕快解決了，把精神集中在真正棘手的事情上吧！」當你能產生這種想法時，其實就已經展開「丟棄」的工作。

現在怕麻煩，以後更麻煩

雖然我不確定田中到底有多想成為會計師，但至少他並沒有表現出熱切的期望，也沒有產生積極的動力。

因為討厭媽媽嘮叨，所以他選擇暫時先找別的工作。從這件事起，他的人生方向就開始慢慢走上岔路。

他心中五味雜陳的思緒，應該會一直讓他悶悶不樂地這樣想著。

- 因為我朋友久保田也要當稅務會計師，如果我說放棄當稅務會計師的想法，大概會被他嘲笑說「你這個人到底有沒有夢想啊？」這樣感覺很糗，也不知該從何解釋起。
- 如果先去成為稅務會計師的這個目標，我也不知道自己該以什麼做為生活的目標。
- 雖然想離職，但不工作就會沒有收入，所以只好勉為其難繼續做下去。但整天都被桐島先生臭罵，真是受夠了！

- 要是我說以後我不想當稅務會計師了，爸媽不知道會說什麼？一定又會開始翻舊帳說：「所以幸好有叫你先找別的工作！你就不是會努力堅持到底的那種類型啊！」
- 明明下定決心要成為稅務會計師，在前女友面前爭一口氣。如果放棄的話，就還是會被繼續嘲笑說，果然只是個當餐廳店長的料……

像這樣，如果在腦海浮現的，全是無解的煩人事，這種負面情緒也會逐漸影響、並控制人們的心靈。原本想要成為會計師的想法，已經不再是夢想，它什麼都不是，只淪為令人厭惡、尾大不掉的超級麻煩。

從各種麻煩像滾雪球一樣愈滾愈大開始，田中便選擇逃避，暫停思考，人生目標也不停下修。除了抱怨之外，他也變得更想待在舒適圈裡，得過且過，逐漸喪失了勇往直前的鬥志。

所以，他的想法就愈來愈消極了。

- 如果沒有辦法找個比稅務會計師更酷的工作，我的臉可就丟大了，這樣下去就只能當個魯蛇。但又有什麼工作是比稅務會計師更酷的呢？唉，我實在想不出來，所以會變成現在這樣好像也是莫可奈何的事。
- 人生還是得有夢想才行啊！沒有夢想的人，就像出發沒有方向一樣，不知該何去何從。就算我對自己的人生並不悲觀，但朋友都說我過得渾渾噩噩，若要反駁，感覺也只是自己很阿Q，不過是做無謂的抵抗。
- 如果我辭職的話，爸媽絕對會很生氣。我都已經這麼大了，若還伸手跟爸媽要錢就實在是太丟人了，只好咬著牙繼續撐下去。
- 朋友說：「如果男朋友是家庭餐廳的店長，在姊妹淘的聚會上是沒辦法拿出來炫耀的。」如果是這樣的話，那我已經沒辦法交女朋友了。而且，雖然我也想要有女朋友，但還要約會跟交往，好麻煩！不如這輩子就抱持獨身主義吧！

我認為，在這種思緒亂糟糟的情況下，唯一的解決之道就是確實做好分解與上色的工作，讓自己認清問題的根源與真相。

只要輕忽這兩個步驟的重要性，就很可能像田中一樣陷入自怨自艾中。

我們總難以避免會在意旁人的批評與看法，也總想努力獲得到他人的肯定。但田中並沒有受到肯定，不，是他自以為沒有受到肯定。

那麼，他周遭的人為什麼都沒有給他正面的評價呢？這是因為他並沒有走出屬於自己選擇的人生。連他的夢想都是在不自覺中拾人牙慧，誤以為別人的夢想就是自己的夢想，並依賴著這個幻想生活著，所以在旁人看來就是個不對勁的人生。

即使沒有「稅務會計師」、「老師」或是「老闆」這些頭銜的加持，有自信的人就能活得有價值，酷的人就是酷。但田中被頭銜職稱所迷惑，也制約了自己的人生。

雖然田中讓人覺得不是很放心，感覺不太靠得住，但他總是沈穩又體貼，談吐文雅，這些都是他的特色，也是他的魅力所在。所以，他根本不需要靠外界的價值觀打造自己的形象。

說到底，田中只是被自己所嚮往的形象操弄，誤以為「現在的自己很糟糕」而已。

做自己的英雄

在我的課堂上，經常會拿「桃太郎」來舉例。我認為，在這個故事裡，如果每個角色都是桃太郎的話，就會變得莫名其妙。

不是所有人都得成為桃太郎，也沒有必要都變成狗、猴子或雉雞。

有勇氣十足、連鬼都不怕的桃太郎，也有忠誠順從桃太郎的小狗，還有聰明機智的猴子，以及能在半空中俯瞰全局、擅長就戰略角度來解讀事物的雉雞。正因為這個「除妖團隊」集合了這四種性格迥異、各有長才的角色，成員多元化，所以大家才能發揮自身的專長，共同完成擊退鬼怪的艱難任務。

常有人因為覺得故事中的桃太郎非常英勇、帥氣且引人注目，而以桃太郎為成功典範，認為是自己努力的榜樣。但如果所有人都變成桃太郎，這個故事就進展不下去啦！

每個成功人物的背後都有不同的條件與經歷，其成功法則僅供參考，無法複製。無論「貧者脫困」、「成功翻身」的那些例子有多麼吸引人，但那畢竟是別人的人生、別人走過的路；你即使分毫不差地照著他們的「成功方程式」執行，也無法讓他們的成功在你身上重現。**你唯一能複製的，只有他們的奮鬥精神。**

以前有一首暢銷金曲，其中有句歌詞是：「不做第一也沒關係，只要是唯一就很好。」正如歌詞所說的，**不一定要追求能獨占鰲頭的第一，而是要成為能夠說服自己的唯一。**

我們無須和別人比較，我們就可以成為自己故事裡的英雄。

但太多人都沒發現這個道理，覺得一定要進入有名的大企業工作，一定要賺大錢、要升官、要和政商名流或高學歷的人結婚，要讓孩子進東大等，只因為深信這就是世俗所謂的「幸福」、「成功」，因此勾勒出許多虛幻的理想。

不少年輕人的大腦中，都被內建了由上一個世代價值觀所訂出的目標，因而為理想與現實間的極大落差而苦惱不已。結果，因為求職不順遂而罹患憂鬱症，或是逃避現實成為尼特族，又或懷憂喪志，自我放棄，進而與社會脫節。每當我聽到這樣的新聞時，都會為他們感到悲傷。

在這樣的人生劇本裡，身處其中的當事人就是個徹底的悲劇。

我因為喜歡工作，所以對於愈來愈多人在求職中受挫，從未曾體驗過工作的樂趣一事，感到非常遺憾。**如果沒有熱情，工作就會從工作，變成應付，變成負擔，變成忍耐，變成折磨。**我由衷希望這些人能愈挫愈勇，活出自己的人生，找到自己的幸福。

如果你問我：「你希望過怎樣的人生？」我會回答：「我想過能做自己真心喜愛的事的人生」。除此之外，我找不到其他更合適的答案。

「做你喜歡的工作！」這聽起來好像是敷衍的場面話，又或是人盡皆知的泛泛之談，但，這是我始終如一、堅信不移的結論。與其羨慕別人的工作，不如做好自己的工作，而且樂在工作。

放棄先入為主的觀念，讓心態歸零

我平常和很多利害關係人一起工作時，非常重視一件事，那就是：不要先入為主。

真相永遠只有一個。不受限、不執著，冷靜地關注事實，如此，無論有多少利害關係人，工作也都能順利進行。

不過，在某些情況下，工作可能會滯礙不前。原因非常簡單，那就是出現了「捏造事實的人」。

明明忠於事實就好，有些人在說話或轉述事情時，就是會計算利弊得失，然後扭曲真相，以求對自己有利的結果，而且這種人無所不在。這種總是捏造事實的人，就是老想要迴避麻煩、逃離麻煩的人。

「把情況說得對自己比較有利些，做起事來就會輕鬆一點吧？」

「讓自己看起來比較厲害，對方應該就會言聽計從吧？」

這就是這些投機者的想法。

舉例來說，假設有一家公司，因為資金周轉出了問題，苦無現金。這家公司為了度過財務危機，於是委託專精於資金籌措的管理顧問A與B。

當然，這兩位中的任何一位，只要能成功募集到資金，也能相對獲得優渥的報酬。為此，他們無不卯足全力拜訪可能的金主，不放過任何機會。

乍看之下似乎是很健全的商業競爭關係，但其實背後隱藏了看不見的角力關係，那就是——必須擊敗對手。

原本應該是服務客戶、為客戶爭取最大權益的商業行為，卻演變成攻擊競爭對手的惡意中傷，造謠生事，這樣的情況屢見不鮮。而且，常常說了一個謊，就得用更多的謊來圓之前的謊，於是，事實愈來愈扭曲，情況也愈來愈失控。

商場上爾虞我詐的行為，或許是因為你受到蒙蔽而無法看清真相。但在日常生活中，那個讓人帶有成見看事情的，卻往往就是自己。

舉例來說，經過了麻煩的因數分解和上色之後，10％真的麻煩應該能在麻煩表格中顯現才是。話雖如此，你可能還是不免會覺得「其實不丟掉也沒關係吧？」這其實就是你在試圖扭曲事實，並對自己的想法深信不疑。

「如果丟掉，損失就大了。」

「丟掉之後，會變得更麻煩。」

事實上，就算你沒有遭受任何損失，或因而感到後悔，卻仍舊對自己認為會變得更糟、結果會每況愈下的想法深信不疑，這是因為你體內安於當下的恆定機制過度運作，讓你害怕改變的緣故。

因為慣性模式，讓我們囿於既定的思考模式和行事邏輯，進而形成盲點，對自己的行為與能力產生諸多限制，所以「丟掉」的這個行為真的很難落實。

頭銜、人脈、財產、信念、環境，對於這些，能毫不留戀就此拋棄的究竟有多少人呢？

若不能毅然決然放下，就會永遠都受困在原地，什麼事也做不了。**放棄就是一種收穫，因為它能讓更多的可能進入自己的生命裡。**鼓起勇氣試試看吧！

這些都是你自己在填寫麻煩表格後，決定丟棄也無所謂的東西。一切都是由你決定的。

如果實在無法下定決心，在決定丟棄時感覺內心不安的話，請冷靜下來，重回原點，思考一下「自己是不是在哪些地方因為有先入為主的想法，而看錯了目標？」

從整理房間開始，找到「丟掉」的勇氣

《丟棄的藝術：東西太多怎麼辦？》這本百萬暢銷書的出版，已經是十五年前的事了。二〇〇九年，《斷捨離：斷絕不需要的東西，捨棄多餘的廢物，脫離對物品的執著，改變三十萬人的史上最強人生整理術！》出版後也引發話題，「斷捨離」這個單字甚至入圍了二〇一〇年的流行語大賞。

這兩本書都在鼓勵人們，透過重新審視身邊的物品，整理並捨棄不需要的東西。

但希望各位不要誤會，這並非意味著「只要把東西丟掉，就可以徹底解決雜亂的問題」，但光是從這類書籍熱賣的情況看來，不難窺見人們是多麼不擅長「捨棄」這件事。

「雖然現在沒用，但將來或許會用到。」

「雖然現在暫時先不丟，但等一年後不需要的話再丟也不遲。」

人們總愛用這些藉口，不斷推遲所有事物的取捨與選擇。害怕改變現狀是人性的一部份，所以我也很了解各位的心情。

假使割捨不了現在的工作、頭銜、拚命工作存下的金錢，不妨可以先試著從更貼近日常生活、較容易斬斷依戀的東西開始丟棄。

最具代表性的，應該就是實際存在的東西吧！請試著打掃亂七八糟的房間，丟掉不需要的東西。相信你的住家或房間裡，應該有不少這類的物品。

「咦？這是什麼時候買的？」

「竟然有兩件那麼像的T恤，而且其中一件還完全沒穿過……」

「原來藏在這裡啊！我還以為不見了呢！」

只要檢視空間裡的物品，並稍做分類、整理，不但會讓你在拿取東西時更方便，住起來也會更舒適。

雖然書籍或衣物堆積如山，但因為並非是價格太貴的東西，往後如果真有需要時，再重新購買也不會太浪費或太麻煩。而且物品超過一定的年限未使用，就應該淘汰，否則放久了，不但會過期，又或被功能性更新的物品取代，徒增累贅。

總之，先從整理自己的房間開始。覺得已經不需要的東西，就不要留戀，放膽丟棄吧！不要覺得丟東西代表「失去」，物品只是形體，隨時都可以丟掉，也應該隨時丟掉。

不只對於具體的物品該抱持這樣的態度，榮耀、成就、名利，也都是可以揚棄的。

捨棄執著的心，才能讓自己活得更自在。

懂得放棄，才明白如何擁有

這世上的人有千百種，但因為我們無法看見他人的內在，所以只能藉由對於代表對方內在的「東西」做出評價，並將對方與該項「東西」做連結，進而將人加以歸類。

譬如，我們經常會說：「那個人很有錢」、「那個人是從名校畢業」、「那個人是基督徒」，像這樣，當我們看到擁有「菁英經歷」這種「東西」的人，會自然視其為菁英份子；看到「擁有很多錢」的人，就會認為他是富翁。

即使是同一個人，被看待的方式也可以從各種不同的層面切入。因此，

「人」也可說是由不同角度所看到不同資訊的集合體。

資訊也可分為高低不同的層級。譬如，從世俗的眼光來看，路易・威登的等級較高，UNIQLO的等級較低。（這樣的解讀方式當然也會因人而異）

同樣地，這個資訊等級會讓人賦予「東西」評價，進而又對物品擁有者做出評價。例如，擁有較高資訊層級的「東西」，就會提高這項「東西」擁有者的評價。

如果想要提升自己的層級，可以從提升所擁有物品的等級著手，把資訊等級低的物品完全拋棄。換句話說，就是「改寫資訊」。

就拿房子來說吧！

如果你長久以來都一直住在已經住得很習慣的房子裡，自然會有一種「久居則安」的感覺，也就愈來愈不想搬家了。如果房子是購買而非租賃，更可能一輩子都被房子綁住，想搬家都很難。

下班後走在回家的路上，你已經習慣和熟悉的鄰居們打招呼，一成不變的街道風景也讓人覺得安心。只要一個社區或群體的人跟我們相似，我們就比較容易融入其中，因為相似度會讓我們與之產生連結，並擁有歸屬感。

但人們習慣舊有環境而害怕改變的心態，卻讓我們沈溺在一成不變與自以為的理所當然中。

如果你對於「一直都身處同樣環境」這件事感到幸福的話，當然可以繼續擁有房屋這件「物品」；但如果想要改變現在的環境，只要捨棄房子這件「東西」即可。這件事沒有所謂的好壞，這全都取決於「你是否想要改變」。因為，除了離開現有的生活圈之外，沒有其他辦法能改變環境了。

就像我在高中休學後，毅然決定離開老家，遠離那些狐群狗黨的朋友一樣。

再舉個例子。

開可樂那（Corona）的人，應該很難會與法拉利的車主產生交集吧！可是，如果能勇敢把可樂那脫手，改買法拉利，就有機會認識同樣也是開法拉利的人。

先不論這兩種人所擁有的資產和收入是否一樣，但至少都能夠處於擁有法拉利這件「物品」的環境裡。法拉利車主以高所得、企業高層、成功人士為多，所以即便自己的年收入只有三百萬，也能因此增加認識年收入高達一億圓這個層級者的機會。

在進入截然不同的環境後，是否要改變思維，就取決於當事人的抉擇與判斷。但至少「丟棄」可樂那，可以讓人一窺過去從未見識過的世界，體驗不同的人生。

關於人脈或信念，也是一樣的道理。

如果一直待在與自己友好、熟悉的社區裡，就會只停留在這個社區的層級。若想要提高層級，就要走出習慣的地域範圍，努力擴展交友視野，參與更高層級的聚會與活動。

雖然你可能會覺得寂寞或不安，但這些都是必經的過程。拋棄或遠離舊有的生活圈，可能得讓你轉換工作跑道，昔日的朋友夥伴也可能漸行漸遠，生活更需要很長一段的適應期，暫且無法過得如同以往般愜意舒適。但所謂的「丟棄」就是這麼一回事，有得必有失。

此外，雖然珍視一直以來堅守的信念很重要，但為了因應外在環境的不斷改變，我們也必須做出調整，與時俱進，讓想法升級。這是一個日新月異的時代，若墨守成規，就無法跟上瞬息萬變的世界腳步。

不論是觀念也好，生活方式也好，工作能力也好，我們都要跟著時代一起前進，不斷學習，迎戰新的變化，把舊有思想、過時信念全都勇敢丟棄，不斷自我更新，讓自己升級。

能夠毫不猶豫就「改寫資訊」、放棄安穩，對所擁有的事物不戀棧的人，將會讓自己不斷進步。

我最近非常熱衷的漫畫《進擊的巨人》中，有一個角色叫做阿明・阿諾德（Armin Harlert），他說過這樣的話。

「假如有一個人，

他能勇於改變的話，

這個人一定也是……

能夠拋棄重要東西的人。

什麼都無法捨棄的人，

就什麼都改變不了。」

各位覺得這是不是很棒的座右銘呢？

解決「麻煩」的步驟三——丟棄

- 只要確實遵循先前所說的分解與上色的步驟，就能看清「麻煩表格」上10%真的麻煩。
- 只要認清真麻煩的真面目，就能理解剩下90%的假麻煩是多麼無關緊要，根本不需放在眼裡。
- 有時，我們的錯覺或誤解會蒙蔽理智，而扭曲了事實。在情況未明、大腦一團混亂的時候，先冷靜下來釐清真相。
- 哪些麻煩應該丟掉，要靠自己決定。
- 如果缺乏放棄的勇氣，可以先從整理房間開始。試著丟掉身邊的雜物，或是執著和眷戀的老舊物品，並透過這樣的方式學會「先丟棄、後整理」的習慣。
- 丟東西之所以困難，是因為你必須做出物品「去」或「留」的決定。如果能下定決心丟東西的人，也能夠勇敢改變自己，掌握自己的人生。舊的不去，新的不來，不丟棄的話，就不會有新的開始。

第六章 從麻煩中發現寶物

步驟四——面對

現在終於進展到最後的步驟，「面對」。

若能按步就班，忠實完成之前的步驟，也就是：

- 不知為何，就是覺得身邊充滿了麻煩事。

←

- 隱約覺得「麻煩」，但實際上真正麻煩的只有一小部分。

←

- 大部份的麻煩都是被自己的情緒放大了，只要有心就能順利解決。

經由釐清、整理、分析麻煩，大概就會經歷類似上述這樣的過程。在這樣的心靈轉折中，你會了解，許多心煩與焦慮，其實都只存在於你的心中，你只是不斷自尋煩惱而已。也會體認到，人生就是因為處理這些10％真的麻煩，才顯得更有意義。

面對麻煩的最後一哩路

透過填寫麻煩表格，解決難題、達成目標、邁向成功的想像也會變得清晰可見，並能從這些愈分析就愈透徹的事物當中，發覺自己人生中真正重視的價值觀。例如：

- 雖然我可能能力不夠，但我還是想當醫生。
- 雖然辜負父母的期待，但我不要上大學。總之我想工作。
- 雖然同學們畢業後都說要去直接就業，但我還想多唸點書。我不知道現在是不是真的很難找工作，但我下定決心要出國留學。

當然，人生需要面臨抉擇的岔路，也絕不是只有升學與就業而已。

- 身邊的人都說十幾歲就結婚實在太早了，全都極力反對。但我想要有個溫暖的家庭。我想相信對方，我要和他結婚。

● 我不想讓朋友難過，也不想和他吵架。雖然我也想就這麼算了，但還是覺得應該坦誠不諱，說出真心話才對！

你覺得最麻煩的真麻煩是什麼樣的「麻煩」呢？相信很多讀者都感覺到，當你翻開這本書，想試著填寫麻煩表格時，瞬間浮現你腦海的麻煩的本質，甚至是你從沒想像過的事。

這個本質，才是真正重要、可稱為「人生燈塔」的事物。或許那會是帖猛藥，但也會是改變你人生的重大契機。

截至目前為止，你都在找尋真麻煩的旅途上，現在終於接近尾聲，終點已然來到。

剩下的，就是善用你的知識與經驗，面對並克服麻煩而已。離結尾只剩下最後一哩路了。

能認清真相的你就已經很了不起

解決麻煩的技術已經一路持續到這最後一個步驟，但對各位讀者而言，要面對已經釐清的「真的麻煩」，或許就像是一場得賭上性命的大冒險，彷彿眼前出現巨大的洪流，得冒險度過這湍急水流，游到對岸去不可。

但是，如果你並不想這麼拚命的話，就此掉頭折返，走回老路也無妨。發出震天巨響的深河，水流既湍急又冰冷，如果自覺沒有游到對岸的體力，實在也沒必要刻意挑戰。

你能一路走到這裡，已經歷經一番波折，正視了過去總是儘可能迴避或忽略的麻煩，也對此有了一番深入的思考。這不就很足夠了嗎？

因為，你花費時間和精力在麻煩表格上寫下麻煩事，接著還做了因數分解、上色、丟棄等步驟。你已經發現人生中最重視的價值觀，也就是「寧死也不願處理的麻煩」，實在沒有必要勉強自己非得去挑戰它不可。換言之，把包含剩下10％在內的百分之百，全都丟棄也沒關係。

因為你認清了自己真正的需求，覺得有些事情你實在無能為力處理，或是無法勉強自己面對，這已經是非常了不起的事。

當然，若是想要脫胎換骨、追求進一步成長的人，我依然非常鼓勵你們能努力堅持到最後，我也會由衷替進行這項挑戰的你加油。

只是，你也完全沒有必要勉強自己堅持到底。

誠實面對自己覺得麻煩的心情，不是朝奮力成長的方向前進，而是在珍惜眼前幸福的同時，腳踏實地生活著，這樣的選擇也十分了不起。

在本書的一開頭，我對那些表示「父母期望自己能到知名企業上班」的學生說，「如果要活出自己的人生，自己的人生就要自己選擇。」

無論我再怎麼苦口婆心解釋自己是因為誠實面對麻煩才獲得現在的幸福，但我和你畢竟是不同的個體，我當然不能決定你的人生。

因此，想與麻煩奮戰到底也好，或在面對麻煩、認清自己真正的需求時就選擇放棄也行，選擇權就在你手上。

我雖然說了這麼多關於「麻煩」的事，還一直鼓勵大家要勇於放棄我執，但我能做的也只是給予建議而已。因為要付諸行動的並非別人，就是你自己。

在「面對」的這最後一個步驟中，關乎自己人生的事是由自己決定，要說這是理所當然也沒錯。但在麻煩感覺器日趨遲鈍的現代社會中，這是一項需要「再三確認」的作業，也讓我們重新認識到，「下決定」對多數人來說是非常困難的一件事。

當餐廳的店長也是很酷的好嗎?!

把話題再拉回之前的田中。

認識他也將近有六、七年的時間了，對他我還是無法完全置之不理，冷眼旁觀。或許這就是所謂的「情份」吧！

而且，我在寫這本書時想起了田中的事，還自作主張把他當成我生活周遭的真實案例來介紹，各位讀者應該也會好奇：「雖然不認識田中，但還是蠻想知道他後來到底怎麼樣了？」

馬上就是峰迴路轉的大結局了，請各位再耐心地往下看吧。

隨著故事的進展，大家對田中的印象有沒有改變呢？

相信各位在經歷了填寫麻煩表格、面對麻煩的過程，已經能夠體會到這個過程的「麻煩之處」。田中是怕麻煩的典型人物，跟你我沒什麼不一樣，只是我們究竟是無意識地逃避，還是有自覺地懶惰。如此而已。

所以至少在一開始，大家覺得田中這個人真的很糟糕的想法，應該已經愈來愈弱了吧。畢竟，在田中的人生裡，是聚集了任何人（包括我在內）在某些特定時刻都會有相同感受的諸多特性。

回想年輕時的我，也是得了「怕麻煩」的病。或許在某些事情上，他的故事也讓我們都心有戚戚焉。

總之，田中現在仍是家庭餐廳的店長。他最近跟我聊天時提到，自己被調到人氣較高的分店，所以應該是他的努力獲得一些肯定了吧。他依舊常惹督導桐島先生生氣，但感覺他已經放棄成為稅務會計師的夢想了。

用「放棄」這個字眼，聽起來好像很消極，但所謂的放棄就是「認清事實」，所以田中是基於自己的意志放棄成為稅務會計師的。他在思考過後，願意繼續在家庭餐廳店長的工作上努力，因為他終於看清對自己重要的事，進而能重新建立自己的價值觀。

田中因為「被媽媽說教」這個90%假的麻煩所迷惑，而進入一家在餐飲業小有名氣的公司工作。但他現在已經訂定新的目標——不當稅務會計師，全心在餐飲業努力打拚。就這一點來說，在某個程度上，或許還得感謝他的母親。

「據說桐島先生的年收入蠻高的。我從沒想過在家庭餐廳工作，也能領那麼多薪水。」田中有點驚訝地這樣對我說。

其實，只要在網路上稍微搜尋一下，都能查到各行各業的平均年收入等相關資訊，但田中似乎的確是對餐飲業主管的薪水打從心底大吃一驚。他到底是多鄙視自己的工作啊？

桐島先生國中畢業之後就開始工作，能晉升到督導，顯示他真的很認真投入工作。雖然，這個社會不是光看學歷，但在沒有學歷的背書下，表示得更努力，才能被看見。我想，桐島先生一定也經歷過很多咬牙苦撐的時期。因為我也是「中輟專家」、「拒絕受教育的人」，雖然最終大學畢業了，但同樣也是歷經千辛萬苦。

我完全能想像，桐島先生在年輕時「拚死拚活也要做出點成績讓大家瞧瞧」的那股衝勁與毅力。在我看來，勇於面對真實的自己、不迴避麻煩的桐島先生，就是有擔當、值得信賴的人。

田中學生時代的朋友久保田，後來順利成為稅務會計師。聽說他在事務所上班的同時，也努力地一邊進修。

田中一開始覺得自己好像輸給了久保田，感覺有點慚愧。但現在他已經不太有這種想法了，如果休假時得空，還會相約一起去喝一杯。

田中還說，在店裏打工的歐巴桑都還比他資深、而且年紀也大多了，所以即便自己身為店長，遇到彼此意見相左時，對方也會毫不留情地開罵。

歐巴桑們都有各自被分配的工作任務，也因為立場不同，想法自然也不同，看到和自己兒子年紀差不多的田中這麼靠不住，會有這樣的反應也是理所當然。而且再怎麼說，她們的人生閱歷，的確比田中豐富多了。

另外，在大學時候分手的女朋友，據說到現在還是沒能重修舊好。

在田中告知桐島先生自己已經放棄成為稅務會計師的夢想之後，對方不知道是不是覺得欣慰的緣故，對他的指導也愈來愈起勁呢。這也可以說是與上司之間的關係又更往前邁進了一大步了吧。

聽說，田中的母親後來還對他說：「當稅務會計師對健太來說果然還是太難了啊！」但田中已經不在意這種被瞧不起的說法了。在意也無濟於事，總之他現在的目標是成為當地營業額第一的分店，每天都辛勤地端著盛有漢堡排的牛形鐵板穿梭在店中，為客戶服務著。

或許還要再過一陣子，田中才能真正樂在工作。在業績達標之前，他勢必仍得不辭辛苦地克服許多麻煩，更重要的，是不逃避麻煩。

我由衷希望他能持續努力下去，我也為他加油。

回歸原點，讓思考歸零

只要活著，任誰都會有感到煩惱或不安的時候。我當然也不例外。

我的其中一個身份是投資者，也經常受邀擔任講師，為一般投資人授課。我也會提供與會者可以關注哪些個股之類的建議。

但就算我再怎麼思慮周全，有時我關注的個股股價還是會急速下跌。每每遇到這種情況，總讓我忍不住著急，擔心是不是自己判斷錯誤。雖然我也算是股市老手，但在當下仍免不了擔憂與焦慮。

這種時候，我都會重新檢視在當初決定要買這支股票時，記下自己想法的備忘錄。

我會重新確認該公司的業績、走勢動向圖等當初我做為判斷基準的因素，然後就會明白股價下跌只是暫時的現象，當初判斷它會上漲的預測是正確的。當我能這麼想的時候，之前焦慮的心情也會開始逐漸回歸平靜，覺得一定沒問題的。

通常在我覺得心安之際，股價又會開始上漲。這聽起來或許有點不可思議，但這種現象其實是合理且有跡可尋的。

當買的股票開始下跌時，投資人就會感到不安。當投資人一覺得「慘了！這樣下去會愈跌愈多」時，就會想在損失還不嚴重時急於脫手。換句話說，被焦慮打敗的人會認賠了事，所以股價下跌的這種狀況是一時的，當焦慮的人都把股票脫手之後，就會止跌回漲，按照我最初預測的方向發展了。

這種時候，重新確認自己的判斷正確無誤，讓我體會到「回歸原點，歸零思考」的重要性。不要被情緒因素影響自己的思考與判斷能力，反而能看清許多事情，做出正確的抉擇。若不能冷靜面對，就會無法認清股票市場機制。所以希望大家可以試著寫出自己當初做出判斷的基準，並做出客觀的分析。

想像事成之後的美好，用願力召喚成功

容我再重複一次：「我覺得也可以不要跟麻煩奮戰到底」。

不過，對於決定要堅持不懈的人，我想提供一些建議。

所謂的「人生」，是會按你所想像的樣子發展的。所以，想像力可以轉動

你的人生，我們若能先「看到」自己的成功或失敗、快樂或痛苦，這些感覺才會進入想像之中，然後轉化為事實。

一位我很敬重的長者曾送過我一句座右銘——「**言語會改變命運**」，在過去的人生經驗中，我也有過深切的體認。我尤其相信，在進行重大的比賽前，若在大腦中時常保有對於正面結果的想像，可以大幅提高獲勝的機率。

相信很多人都知道，如果具有「想像成功」的能力，會更容易成功，因為這麼做能讓人看到目標、預見完成的的景象，猶如導航系統般，能激勵自己努力往目標邁進。

只是，我在進行意象訓練（image training）（關於意象訓練，在第一八九頁有詳細說明）時，並不是想像獲得成功的那一瞬間，而是**想像達到成功後，覺得終於鬆了一口氣、自己正如釋重負的畫面**。

如果你只專心致意於預見成功的那一刻，有可能會因為過度期待，反而在腦海中不自覺地浮現「萬一不小心出錯了，那該怎麼辦？」的焦慮，增加心理壓力，進而產生自我預言應驗。

「這次任務完成後，就可以去悠閒地泡個溫泉，好好放個長假。」

像這樣，如果是在腦海中想像因為成功所能獲得回報的景象，想像力自然就會牽引人生，邁向成功。

我都會按照下列幾項要點，逐一在腦海中想像著。

- 發生的日期
- 大約在幾點
- 現場會有哪些人
- 哪些是主要的溝通對象或競爭對手
- 彼此會說什麼話，或做什麼事
- 談判、競爭的過程終能成功

- 完成任務後，包括與對方握手時等等的感覺
- 走出談判房間後覺得輕鬆的畫面

當然，並非所有的情況都能撰寫出完美的腳本，但至少約八成左右，都能事先在腦海中預演會發生什麼事、要說些什麼話。而且在你進行想像時，不論是場景或細節都要描繪得非常精細，且令人期待。如此一來，就能給予自己無比的信心，即使面對突發狀況時，也能冷靜回應，並藉此注意到自己所描繪腳本中的缺失。

請相信，這麼做的效果絕對超乎你所想像。

意象訓練的實踐方法

相信閱讀本書的讀者，不光只有上班族，也有些人是學生或家庭主婦，總之是包括各行各業，橫跨多個年齡層，男女都有。所以我想把自己親身實驗的意象訓練，用更容易落實於日常生活中的方式傳授給各位。

想像具有強大的力量。想像悲觀的事會使人心情低落，對人生也失去興趣和動力。若能懷抱希望、愉快地夢想未來，相信任何人都會因此而更受鼓舞。當然，如果只淪為空想、做白日夢就毫無意義。請務必身體力行，在日常生活中多進行意象訓練。

首先，請複誦你的理想一百次，譬如「讓工作順利」、「考試及格」、「能進入某某公司」等。你可以在心中默念，也可以發出聲音。光是透過與自己對話的方式，不斷告訴自己「你一定做得到」，就能改變內心的設定值，轉換心情。

為了讓理想的想像更為具體，不妨也活用「場所」，把夢想做大。

舉例來說，如果你的終極目標是成為有錢人，不妨到超高級的飯店去現場觀摩一下。就算沒辦法住上一晚，至少可以到酒吧點杯超過一千圓的咖啡。在這個只要花一百圓就能喝到美味香醇咖啡的時代，你可能會覺得一千圓也太貴了吧。但請記得自己在點一杯一千圓咖啡時，有點忐忑緊張的那種感覺。

然後，喝咖啡的時候不妨也想像一下，告訴自己總有一天能賺大錢，有錢到能毫不手軟就在這超高級的飯店住上一晚，即使喝一杯一千圓的咖啡也毫不嫌貴。

又如果你的目標是「一定要進××公司」的話，不妨常到那家公司走動，想像一下自己在裡面工作的情形；又或是坐在接待區的沙發上，看看那些實際在裡面工作的人，想像自己未來如果和這些人共事的景象。

此外，也請思考一下，如果自己鴕鳥心態地躲避眼前的麻煩，會有什麼後果。

譬如說，太太希望你每天都能幫忙做家事，就算只做一點點都好。像是吃完晚飯後洗個碗筷，明明連十五分鐘都不到，但你就是覺得「我忙了一整天很累耶！」，並一直對另一半的要求置之不理，根本不當回事。直到有一天你回到家，發現太太帶著小孩離家出走了，還提出離婚。如果太太離婚的理由是「一直希望先生多少能幫忙做點家事，但先生卻只當成是耳邊風」，你有什麼感想？你一定會覺得，如果我當時能幫忙洗碗，事情就不會演變成這麼麻煩了吧！逃避眼前麻煩的結果就是，能閃躲眼前的小麻煩，而無法迴避掉離婚、妻離子散的真麻煩。

如果不每天傳簡訊關心女朋友，對方就會生氣。但你覺得發簡訊真是超麻煩的，所以幾乎都不回女朋友的簡訊，結果就被對方甩了。明明花個一、兩分鐘就能做到的事，就算是只傳短短的訊息也沒關係，逃避的結果卻是要承受被女朋友拋棄這麼大的傷痛。於是你一定會想，早知如此，一天當中只要多撥個幾分鐘，回個簡訊給女朋友就好了。但千金難買早知道啊！

話說回來，我覺得如果連一天發一通簡訊給女朋友都嫌麻煩的話，那應該不是真的很喜歡對方吧。這些事情也是在為麻煩分解、上色之後就能發現的，但如果只是任由麻煩這種情緒發生而視若無睹，自然就無法了解真相。

總之，請發揮你的想像力。試想，若解決自己認定的真麻煩，會有什麼成果呢？

想像非常重要。而我所提出面對麻煩的方法，能讓想像更為具體。

麻煩之前，人人平等

不過，說了這麼多，還是有些人會覺得，「這個作者開了許多間跨國公司，事業還算成功，也常在媒體上出現。最近，『創投』的這個身份好像也蠻引人注目的，應該很有錢的吧！所以才能說這些漂亮的空話。」

如果你看過我的經歷，或許也會認為我只是個特例。

由於雜誌、電視節目經常報導我的故事，所以各位讀者或許會覺得我身處在光鮮亮麗的世界裡，根本不知民間疾苦。但如同我多次提及的，我擁有「作弊大王」、「中輟專家」、「拒絕受義務教育的小子」等稱號，要比怕麻煩的程度，我可是不會輸給任何人。

在我大學畢業前的二〇〇六年二月，我成立了之前提到的 AsZ 股份有限公司，主要是承接業務外包的工作。

在創立這個事業之前，就如第二章所述，我在大學就讀時就創業，為時約兩年左右。那時，我覺得最令人傷腦筋的就是業務工作。要先用電話約訪，然後到處拜訪客戶，也不知道產品到底賣不賣得出去，就算成功銷售，還是得擔心日後會不會被客訴。總之一切都很麻煩。

所以當時我就在心中暗自惴想：「要是能把業務工作委託給願意自動自發幫我執行的人，那該有多輕鬆！」，而這就成了我日後創業的契機。

我看準了「在麻煩的地方就有商機」這件事，而這個預測也完全沒錯。我可以斷言，AsZ控股公司現在之所以能夠有超過二十家以上的集團公司，就是因為當初公司經營方針正確，所以才能大幅成長的緣故。

在創業之後的四至五年，我廢寢忘食地工作。當大家說：「松田先生二十幾歲時的工作量真的很驚人！」時，我是很開心的。

但是，我之所以拚了命地工作，是不想到了四、五十歲，體能與工作能力都開始走下坡時，還得為工作賣命。所以我下定決心，在年輕時一定要全力衝刺，以便讓自己能早日從工作的壓力中解脫。換言之，**因為麻煩，所以要避免麻煩事發生，也就是抱持「預支麻煩」的心態**。

我現在能成為成功的創投者，也是因為二十幾歲時卯足全力工作賺錢，再將報酬繼續投資於學習中，成為賺下一桶金的資本。當然，遠比我有錢的人比比皆是，但我現在能過著不為錢煩惱的生活，公司業績能穩定成長，也都是拜年輕時拚命工作所賜。

只要面對麻煩，對老闆而言，就會增加商機；對求職者來說，也能抓住工作機會。因為在任誰都會本能地迴避麻煩之處，仍能無所畏懼向前挺進的人，自然鮮有競爭對手能與你一較高下，你努力不懈的精神也將備受公司器重。

如果選擇放棄，那麼你躲避掉多少麻煩事，也會同樣放棄多少的人生幸運。

累積就是實力

困難點正是人生的轉捩點。成功的人都具備一種特質，就是遇到困難或麻煩時，總是不像一般人一樣選擇放棄。

在此，我以從小就努力接受運動技能訓練、擁有體育專長的運動員來做範例，進一步說明吧！

很多國中、高中及大學在入學考試時，都設有運動資優生的專門招生名額。甚至有些公司，更會把具備體育專長列為錄取應屆畢業生的條件之一，所以旁人看來不免羨慕「運動員真是吃香！」

然而，具備體育專長的人，相信一定都付出了莫大的努力。而且，體育運動不僅講求技術與實力，更重視運動家的禮儀，尤其是柔道、劍道或空手道等武術項目。從事這些運動的人，從小就被嚴格灌輸日本人崇尚的武士道精神、倫理與道德。

在年齡愈小時學習的才藝，多半都是出自於父母的期望。不僅限於運動，即便在音樂或藝術等領域，絕大多數都是希望採行菁英教育的父母，讓小孩從三、四歲就開始學習的；有些則是把自己未完成的夢想，加諸在孩子身上。所以換句話說，菁英教育其實就是看準小孩未來發展的先行投資。

雖然很多人在童年時都很不滿，為什麼自己一點也不喜歡的事，卻因父母的一聲令下就不敢違抗。老師的嚴格指導也讓人叫苦連天，在寒風凜冽的冬日清晨，手腳都快凍僵了還是持續得練跑。但是，即便在如此艱苦環境下仍努力不懈的人，最終的成果就是以運動資優生的身份順利升學或找到工作。

學校或企業也認為，正因是就讀被稱為「名校」的學校，再加上願意一路努力直到代表學校參加校際比賽，這些有毅力的學生在進入新的環境後，應該也能繼續堅持下去。

此外，因為他們受過深厚的禮儀教育薰陶，不需師長耳提面命，在應對進退都能表現合宜。比如，他們與人見面時會主動打招呼，又或尊敬客戶、重視合作夥伴。基於這樣的判斷，所以願意優先錄取運動資優生。

一直以來都努力不懈的人，相信他們從未逃避過麻煩。而這些努力成果的累積，也會成為突破自己的關鍵，讓他們體驗全新的人生與成功的喜悅，還獲得了「技術」這項武器。他們的努力會備受肯定也是理所當然。

這些勇於挑戰自我的人，也會因為夢想逐步實現，慶幸自己幸好當時沒有逃避，這個「幸好」就會轉化成感謝，發現麻煩原來是件「值得感激」的事。

心理學大師阿德勒（Alfred Adler）曾經說過一句經典名言。

「人生沒那麼困難，是你讓人生變得複雜了。其實，人生非常單純。」

我非常喜歡這句話。借用阿德勒這句話，我想說的是：「**麻煩沒那麼困難，是你讓麻煩變複雜了。**」

只要有勇氣挑戰麻煩，你的人生就會比現在更輕鬆。透過與麻煩奮戰，經驗值會上升，也能獲得「羅德之劍[1]」，還能得到足以支撐長遠旅程的superfood。

這麼聽下來，是不是覺得前途一片光明啊！

1 電玩《勇者鬥惡龍》中出現的武器之一。

解決「麻煩」的步驟四——面對

- 你可以依照個人的意願來面對麻煩。就算不能堅持到底，「認清自己真正的需求」也是種收穫。
- 若是「真的麻煩」太過棘手，讓人覺得挫折沮喪時，就重新檢視麻煩表格，回想自己當初為什麼做這個選擇。
- 言語改變命運，念力決定成功，經常想像正面的結果，就會獲得致勝的正能量。請藉由想像成功之後自己全然放鬆的畫面，召喚成功。
- 如果還是倍感挫折的話，試著發出聲音或在心裡默唸自己的理想一百次。讓自己身歷其境處於目標環境中，也頗具激勵的效果。

第七章

麻煩事，通通放馬過來吧！

身處於商業世界中，我一直以來都在思考社會情勢、經濟、日本的過去與未來等種種課題。

若綜合我的所思所想做出判斷，就會得到一個結論，那就是：「現在日本所面臨的種種問題，只要願意面對麻煩，大抵都能獲得解決。」

或許有人會覺得我太誇大其詞，但只要我說明箇中道理，相信就會有人贊同我的說法。事實上，我向一些親朋好友說明後，很多人也都認同我的論點，接下來就讓我詳細說明如下。

從產業結構的變化，解讀時代變遷

無論在什麼時代、什麼樣的環境之下，永遠都存在著商機。

時代之所以會發生重大變化，是因為很多時候產業結構也在本質上產生變化，能察覺到變化的人就能趁勢崛起，自谷底翻身，從「負翁」變成富翁；相反地，只憑著慣性生活、安於現狀的人，自然就會錯失發財良機。唯有不害怕改變，勇於冒險的人，才能成功致富（當然，如果覺得安貧樂道也不錯的話，當然也很OK）。

在這個豐衣足食、日新月益的年代，人們的欲望與需求已不再單純，無法簡單用一句話來總結。但與昔時物質匱乏的年代相比，兩者間的差異是天差地別，昭然若揭的，任誰都能發現這個事實。

從重工業時代的昭和二十年代（一九四五年～一九五四年）開始，直到化學工業時代的昭和三十年代（一九五五～一九六四年）左右為止，完全是以企業、產業、廠商為主的時代，甚至連「消費者至上」這種如今已是理所當然的服務理念，在當時都未曾聽聞。在政府宣導「全力製造、全力發展」的政令下，全國無不透過設立工廠、提高產能等方式，追求國家的發展。

到了昭和四十、五十年代（一九六五～一九八四年），則是由重工業與化學工業結合後誕生的電子業時代。從此時開始，企業經營者開始意識到「消費者」所扮演的重要角色。以SONY和Panasonic（當時的松下電器產業）為首的家電製造商，更自美國引進最先進的行銷手法，徹底思考該怎麼做才能吸引消費者。在這一層意義上來說，電子業的時代，也可以說是以消費者為主的時代。

隨後，進入平成年代（一九八九年～）後，就來到現今的資訊產業時代，也就是IT革命的時代。

從NTT（Nippon Telegraph and Telephone Corporation，日本電信電話股份有限公司）的民營化開始，包括NEC、富士通、日立等日本資訊產業大廠，再加上IBM、惠普、微軟等在IT革命前夕就已十分知名且活躍的外資企業，是個群雄逐鹿的時代。可以說在二〇〇〇年前後，美國加州矽谷尚未發生網路泡沫化之際，人人都對網路概念股狂熱不已。

時間再進展至二〇一五年的現在，人們仍深受資訊產業的影響。因此，無庸置疑地，IT可謂是第二次世界大戰後持續最久的一種產業。

隨著時代的演進時，我們能發現，社會與大眾的需求總是時時刻刻在改變。那麼，今後將影響時代的，會是哪個產業呢？各式各樣的關鍵字逐漸浮上檯面。

- 快速（quick）&即時（instant）
- 直接（direct）
- C to C商務
- 顧客製造的時代
- 全球化（global）

・機器人（robot）

遠在十五年前，能在網路上發表個人意見的，僅限於少數精通網路的用戶。但從二〇〇三年起，部落格蔚為流行，任誰都能輕易擁有自己的首頁。轉眼間，不論是日本或全世界，大家更駕輕就熟地使用著推特、臉書、以及LINE與Whats App等社交應用程式。

觀察這一系列趨勢，就會發現下列這些有趣的現象。

・TEXTSITE[1]（需要花費不少工時架設，能夠輸入大量的文字）

↓

・部落格（輕易就能架設，能夠輸入還算大量的文字）

↓

・推特（輕易就能開設帳號，但只能輸入一四〇個字）

←

・臉書（輕易就能開設帳號，可上傳照片，還能附上圖說）

←

・LINE（輕易就能開設帳號，貼圖的使用率與文字不相上下）

這一連串的演進，展現出表達想法方式的大變革。簡而言之，就是由複雜費時的人際交流，轉變成非常簡單輕鬆的溝通型態。

觀察這樣的趨勢就能預測到，快速、簡單與即時的服務，今後也將持續成為主流，尤其在網路產業更是如此。

1 Textsite於一九九〇至二〇〇〇年網路前期，在日本十分流行，是以文字為主要內容的網站，資訊性勝過娛樂價值。

愈快速，就愈方便？

當溝通工具變得簡化、便利的同時，人們也追求更單純、更隨興的來往。例如，只在自己想與人聯絡的時候才保持聯繫，不想理人的時候就神隱。

當人們習慣用SNS[2]往來之後，有更多機會認識來自世界各地的人，擴大交友圈，所以可能會誤以為靠著邀請對方加入好友，就能以「朋友」互稱。但實際的真相又是如何呢？

由於與網友間的聯繫與溝通，已經排除了在交朋友時所有會「覺得麻煩的事」，這種缺乏交流前提、情感基礎的「友誼」，在你發生突發事件或緊急狀況時，恐怕不會有人給予幫助。

真正的朋友，會在你遇到困難時，願意拔刀相助。但這也要經過長時間互動交往，彼此誠懇交心，才可能推心置腹，成為摯交啊。

為了追求生活上的舒適與效率，「便利性」這件事應該會不斷地進化，但如果連人與人之間的溝通都已經出現快速與即時的傾向，連交朋友都嫌麻煩，而不願花費心思時，這真的是種「進步」嗎？

對於這股彷彿在說「若不朝簡化發展，方便就失去意義」的風潮，我個人頗有危機感。因為這與我所提倡的面對麻煩，完全是背道而馳。

在此，我們不妨轉換一下觀點，從另一個角度切入。

譬如說，泡麵非常方便，可以在很短的時間內，拉近「飢餓」這個現實與「想填飽肚子」這個理想之間的差距。但如果不攝取青菜、水果、肉或魚，只一直吃泡麵的話，後果會如何呢？相信各位都很清楚，身體會因為營養不均衡而

2 Social Network Services，社會性網路服務，如FB、推特、Instagram等。

出狀況。

生病了就得就醫，說不定還得住院，這才是真正的麻煩。所以就算再累再麻煩，還是要花點時間和功夫親自下廚。如果能注意身體健康的話，就不會落到得面臨真的麻煩的局面了。

在溝通方面，也可說是完全同樣的道理。

為了遏止這類快速與即時化可能引發的問題，面對麻煩不失為一個有效的方法。

只是我也認為，在面對麻煩之前，還必須先釐清現在日本社會的問題點才行。

日本的兩大問題將成為年輕世代的負擔

前文中提及，我與武藏野學院大學進行合作，由於身處教育的第一線，我每天都深刻感受到一件事。

那就是，日本在進入少子化且高齡社會後，姑且先不論公立大學，除了部分有名的私立大學之外，許多默默無聞的私校為了存活，彼此間的競爭已趨於白熱化。不僅知名度低的大學逐漸遭到淘汰，事實上，只要對併購業務略知一二的人就會知道，最近已有愈來愈多沒有名氣的大學或專門學校待價而沽。

身為教育界的一員，我想告訴大家的是，進入名校對未來前途才有保障、能晉身人生勝利組的觀念，已經是過時的幻想，不再適用於現實生活當中。

現今五十幾、六十幾歲的中老年人，總是習慣把名校等光環，與大公司、高官、終身雇用等代表安定的詞彙聯想在一起，但名校畢業早已不再是鐵飯碗的保證。

泡沫經濟已經崩潰。

然而，現在二、三十歲年輕人的父母的那個世代，卻總是把自己的價值觀強加諸於自己的孩子身上。當然，我不否定任何一種價值觀，只是時代已經不同，早已無法同日而語。

我長期與學生接觸，有種很深的感觸，就是為什麼他們明明那麼年輕，卻如此缺乏夢想與希望呢？放眼所及，全都是溫順老實的乖乖牌，中規中矩到我甚至希望他們能拿出一點氣魄，仗恃著自己年輕，用不知天高地厚的態度來說服我這個講師。但他們被灌輸了老一輩的價值觀，已經失去熱情，也不再堅持自己的想法了。

在本書中我一直強調的，就是「自己的人生要由自己選擇」。話雖如此，當自己無法選擇自己的人生，換言之，就是看到愈來愈多人對麻煩的感受變遲鈍時，我都覺得這不光只是個人的責任，甚至更是全日本年輕世代共同的問題。

就如同「愈是在不穩定的年代，就愈希望小孩進入有名大學、進入好公司」這句話所反映出來的價值觀一樣，日本的社會太容易受到學歷、大企業等世俗標準所影響。就是日本這種社會結構，削減了年輕人的霸氣，創造出愈來愈多對什麼事都畏畏縮縮，連想說的話都不能好好表達的年輕人。

此外，我認為，在面對麻煩之前，還必須先釐清現在日本社會的問題點才行。

目前日本所面臨「人口減少」與「負債過多」的這兩大問題，在未來將成為年輕人的負擔。

關於人口減少的問題，很久之前就有預測指出，日本人口將在二〇五〇年將減少至九千萬人。而關於負債過多的困境，全都肇因於一九七五年赤字國債特例法的正式解禁（在此之前，原則上禁止以發行國債的方式解決財務問題）。這兩個問題都是日積月累所造成的結果。因此，根本沒有可以即刻改善的神級解決方案。

柴契爾夫人曾說：「資本主義是最糟的體制。但也沒有比資本主義更好的體制。」現代「金融資本主義（finance capitalism）」的制度，讓資本主義走向窮途末路，使所得再分配的機能盡失，徒然淪為擴大貧富差距的工具。

誠信仍在，國家就能重生

日本現在猶如一列單向特快車，已經沒有回頭路可走了。

如今國家已然邁入財富縮水的時代。雖然薪資大幅縮水，但稅率卻不斷上升，如果只靠儲蓄，不但賺不到利息，甚至還無法保本。再加上社會保險的保費經常調升，這儼然成為人民需要共體時艱的一種義務，即便不知屆時符合請領資格時能否順利領到年金，但至少現在仍得持續繳款。

看來，這班特快列車的目的地是天堂還是地獄，沒有人敢打包票。

看看國外的例子。韓國在一九九七年、俄羅斯在一九九八年都曾經破產，阿根廷更經歷過多次破產的絕境，但這些情況並沒有危及人民的性命。只要國破山河在、人在、智慧和資產都還得以留存的話，就能置於死地而後生。

只要誠信仍在，國家就能重生。

我在過去的日子裡，與許多人相遇、相識，也獲得值得珍惜一輩子的夥伴。我非常確信，當我遇到困難時，一定會有人對我伸出援手，給予全力支持。

遇到逆境不低頭，並擁有穩固的支援社群，能讓人心靈富足、充滿勇氣。所以我相信，即便日本不幸破產了，只要人與人之間能相互支持與協助，也一定能讓國家重生。

在二十一世紀，產業結構不斷變化，不光是朋友、家人，連公司與員工之間的僱傭關係也會面臨轉型。企業主必須承擔經營風險，相對來說，員工卻受到勞動三法[3]的過度保護，而且國家的經濟負擔亦隨之增加，最終都轉嫁到企業主身上。如果這種狀況持續下去，企業主就會減少雇用正職員工，而改以常態的外包方式，以求能彈性控制成本。

也就是說，下面這三個走向將成為未來社會的必然。

一、大型產業解體

二、法人「小單元化」

三、個人「企業主化」

善用網路，把自己做大

當全世界網路架構與發展趨於成熟後，不只是企業或公司等，所有人也都能以個人的身份進入網站世界。

換言之，在以個人為主角的網路世界裡，人人都能成就自己的事業。如果能夠找到自己的興趣與志向，以自己的判斷做出人生選擇的人，就能把自己當成品牌經營，甚至成為網紅。若只是甘於委身在團體之中，就很難有所作為。

在這樣的大環境條件下，我很確信現今這個年代，需要的就是我自四年前

3 日本的勞動三法是指「勞動組合法（工會法）」、「勞動基準法」、「勞動關係調整法」這三項法律。根據日本憲法第二十八條勞動基本權的理念所制定而成，是對等勞資關係的基礎。

就開始一直提倡的工作模式。

如前所述，我提出了「年收入高達一億的創業家時代」的目標，希望人人都能以自由工作者的方式投入工作中。

二〇一四年，我以「直營模式（direct model）」為基礎，進行企業經營、公司重整、併購、事業合作等工作；此外，也提倡創原創者（或生產者）應與使用者直接溝通、聯繫、交流，取消中間業者這些環節（如代理商、批發商、零售商或中、大盤商）。我相信這才是未來社會的理想樣貌。

在資訊化的社會，如果人與人之間能直接進行聯繫，建構起互通有無的交流網路，就能即刻解決問題。但在現實的社會與商業活動中並非如此。這是因為，現實社會已經背離了「經濟」這個概念原本的樣貌。資本阻礙了應有的理想狀態，扭曲了建全的社會體制。

杜拉克早就看清資本主義的本質，指出我們「將從『資本管理人類』的時代，進入『人類管理資本』的時代」。但遺憾的是，我覺得人類目前仍無法掙脫資本主義的魔咒。

「經濟」這個單字在字典上的定義是：從事社會活動所需的金錢與服務的交換結構。換言之，經濟的本質就是「交換」，而且是「等價交換」。

我們的生活，就是建構在反覆地生產與消費之上，透過交換生產的物品或服務，讓生產與消費產生正循環，使人們過著比自給自足更寬裕的生活。交換的指標就是貨幣，也就是金錢。換句話說，金錢就是用來衡量東西價值的方式，如果物品品質好，價格就會訂得高。但如今，卻變成有錢人可以自行決定什麼才是「好東西」的怪異時代了。

本來，只要交換自己喜歡的東西就好，不需要的東西就不必交換，這是一個合宜的標準。但現在社會卻變成只要有錢，再壞、再糟糕的物品，也能被認為是「好東西」；又或是再壞、再糟糕的人，都能逆轉得勝。我認為這是不正確、不公不義的觀念。

雖然這就是個弱肉強食的世界，是個資本家可以長久持續壓榨弱者的結構，尤其在金融世界裡。但現在終於產生了能扭曲這種經濟系統的契機，那就是網路。

在日文古代經典中，把「理解」這個字的日文「知る」，寫為「領る」。意思是指，透過統合資訊，就能增加支配的力量，進而控制他人的領土。換言之，在自古以來就以金字塔型管理為基礎的社會體制裡，「僅由部分特權階級掌握資訊」，是統治時不可或缺的條件。

但ＩＴ革命打破了這個限制，把原本僅限於特權階級的資訊，公開給各個階層的人，而且是全球性、無遠弗屆的。（雖然不可否認，資訊往往只集中在資本實力雄厚的某些國家中）

應該受到矚目的人受到矚目，應該成功的人獲致成功，應該擁有資本的人才擁有資本。以這種健全的力學架構為基礎，再賦予經濟原本應有的樣貌，也就是等價交換，如此，臻於理想的社會應該就會到來。

我相信，不仰賴他人、選擇並擁抱具有自我風格的人生，這股力量能改變日本。所以，我們必須停止逃避麻煩，培養面對真的麻煩、對抗種種苦難的力量。

我自己就是個極度怕麻煩的人，過去因為總是逃避麻煩而備嘗艱辛。

正因為如此，我想以一個過來人的身份，與大家分享諸多經驗。而現在生活在日本這塊土地上的所有人，都正站在能否阻止國家遠離即將面臨天大麻煩的十字路口上。

為了突破現在前所未有的困境，我強烈地期盼，能有更多人好好面對眼前的麻煩，儘可能在愈早的階段，阻止這些麻煩，避免國家崩潰或面臨破產。

解決麻煩事，就是人類存在的意義

這是一個事事難料的時代，連雷曼兄弟破產、九一一恐怖攻擊、三一一大地震，這些連作夢也想不到的事件都接二連三地發生。

在這個天有不測風雲，任何事都可能發生的時代，要勇於面對未來的方法，除了持續心懷感激，感恩眼前這絕無僅有、「值得感謝（千載難逢）[4]」的機會之外，別無他法。

表達感謝一點都不麻煩，你不需要利用類似宗教手法所宣導，或心理勵志書鼓勵大家的，訴說一萬次感謝，也不需要在內心對世界默默呼喊「謝謝」。

方法很簡單。只要你能察覺自己所面臨的一切，都是在數千萬分之一下的機率所產生的，只能用「奇蹟」來形容，就會讚嘆這是如此難能可貴的機緣，感謝之情就會油然而生。

長期以來，我透過各式各樣的活動，參與了許多人成長的過程，也常常從眾多企業家與大老闆處，聽聞並學習到在人才培育上的成功法則。而這一切共通的原則就是——堅信人性。

除此之外，別無他法。

一說到「相信別人」，或許聽起來膚淺，但我並不是想要標榜「愛」或「正義」之類的美德。所謂堅信人性，是指要相信人類都同時具有「好」與「壞」這兩種特性。理解「人，就是這麼一回事啊！」這種「原諒」的概念非常重要，這需要的正是「恨其罪，不恨其人」的精神。

我曾多次被迫置身於絕望的深淵，面臨窮途末路的困境，但仍有許多夥伴出手相助，讓我得以堅持自己的信念直至今日。每每思及不可思議之處，就會

4 日文中「ありがたい（arigatai）」一字有好幾個意思，同時包括了「感謝」與「稀有、罕見」。

想到「難能可貴」這句話。

當自己愈是被迫處於痛苦、難過、悲哀的狀態時，就能感受到必須跨越的門檻愈來愈高，這種種的磨難所帶來的歷練，讓我深切體會到那「近乎於奇蹟的可貴」。

相信別人，在這個對麻煩的感受愈來愈遲鈍的時代，可說是一件困難至極的事。因為：

- 徹底相信他人就是件很困難的事。
- 就算自己信任對方，對方也未必會相信自己。
- 若不幸遭人背叛，恐怕會就此一蹶不振。

若想法總是這麼消極、負面，就永遠都無法對別人打開心房。若沒有「即使付出代價也要堅信到底」的決心，就會非常害怕因為相信別人而受傷。

正因為如此，所以我更要鼓勵大家，「分解」眼前的現象，一邊分析一邊「上色」。從分析的結果中掌握住事情的本質，進而「丟棄」本質之外的東西，然後認真地「面對」所掌握的本質。

在本書中，我們學會直視麻煩的本質，而「從麻煩中發現寶物的四個步驟」還能形成一種實用的思考模式，應用在任何地方。

如前所述，我認為日本如今所面臨的種種問題，也能透過這種思考模式逼近事情的核心，從中找出解決方法。

不管再怎麼怪罪過去的失敗或錯誤，人生也無法重來。

我們需要的是一顆寬恕的心，理解所謂的社會、所謂的人類就是這麼一回事。

體認到所有的一切並非別人的責任，而是自己的責任。

還有，透過面對麻煩所能獲得的感謝。

只要有寬恕的決心與感恩的心，我們應該就能讓理想的自己、理想的國家、理想的世界，從夢想變成現實。

結語

從麻煩中發現寶物的四個步驟，是透過在麻煩表格上寫出內心所想的事，從中得到一些線索、啟示，是種接近心理療法的方式。

一直以來，我用自己發明的這種方式，不斷思索麻煩這種情緒，也藉此觀察並研究員工或旁人的行為。此外，也一直透過授課或演講的方式，告訴大家千萬不可逃避麻煩。

然而，在撰寫本書之際，當我把長期以來的想法全都化為文字，並套用到四個步驟上時，又有了新的發現。也讓我再次體會到，釐清情緒與整理思緒的重要性。

拿起筆寫在紙上這樣的動作，說起來是超級原始。許多商務人士或許很久都沒有拿筆了。畢竟利用電腦或智慧型手機做記錄，會更為簡單、方便，又有效率。

但是，我覺得這種類比式的、微小的、細碎的事，真的非常重要。魔鬼就藏在細節裡。我最近常常覺得，工作上的諸多細節、日常的電子郵件書信用語、每日的會計管理等，這些往往一不小心就輕忽行事的環節，更應該全心全意專心執行。

企業文化就是建立在一連串的例行公事上。用草率的態度處理日常瑣事的公司，就會形成草率的企業文化；對於各種細節都處處留心的公司，自然能建立起精緻的企業文化。因為我這一路以來看過數千家公司的興盛或衰敗，因此深切地體認到，這真的是非常合乎邏輯的真理。

在二〇一四年年末，我因為某些原因需要訂製一套和服。我知道這年頭要訂製和服不是件容易的事，於是硬著頭皮拜託一家布莊幫忙。

那時，我有幸認識了草木染紡織家山岸幸一大師。他的偉大成就在於，完全不用外國的布料，而是從人工養蠶取絲開始，經過繁複的製作過程後，才能織成布料，得花費驚人的勞力與時間才能完成成品。

在布莊聽了山岸大師的故事後，我不禁感嘆，這世上究竟有多少人能在工作上秉持捨我其誰的使命感，兢兢業業地盡好本分？這也讓我對他肅然起敬。

現在是個在網路、ＩＴ、金融等方面，都靠著價差以賺取利益的金融資本主義全盛時代。絕大多數的工作者都追求經濟效率，思考著要如何才能輕鬆獲利賺大錢。在這樣唯利是圖的氛圍下，卻仍有人勤奮地專注在眼前的小事上，力求繼承傳統文化，製造出真正優質的東西……。

當然，每個人都有各自的使命與任務，也有自己的人生及其價值，即便工作內容不同，但「要創造或提供什麼，才能讓世人感到喜悅」的哲理卻是放諸四海皆準。而這也更讓我深自警惕，在工作上要思及自己能否放眼未來、對社會是否能有所助益等課題。

人們在從事經營事業或投資時，很容易就只專注在快速獲利、高收益等表面的現象。資本主義為了追求自我利益，以合理的行動為前提，最終就會發展成「自掃門前雪」、事不干己的自私心態。

獲利當然重要，但當眼光短淺地只囿於利益，就會看不清事情的本質。在我穿上和服的同時，深覺今後也必須不斷思考值得後世引以為傲的工作是什麼。

或許今後，我會面臨到比過去更為棘手難纏的麻煩。但我希望自己在這種時刻也不要焦急，要冷靜地重複進行四個步驟而不躁進。

也藉此機會，懇請各位今後能更不吝指導、支援，讓我能不迷失自我，繼續前進。

啊～寫這本書其實是蠻麻煩又辛苦的事。

最後，由衷感謝各位總是給我溫暖的支持。

松田 元

BIG叢書0282

解決「麻煩」的技術：1張表格＋4個步驟，瞬間斷開煩亂，掌握成功的捷徑

作　者─松田　元
譯　者─陳光棻
主　編─李宜芬
責任編輯─郭香君
執行企劃─張瑋之
封面、內頁版型設計─比比司設計工作室
董事長─趙政岷
總經理─趙政岷
總編輯─余宜芳
出版者─時報文化出版企業股份有限公司
10803台北市和平西路三段二四〇號四樓
發行專線─（〇二）二三〇六─六八四二
讀者服務專線─〇八〇〇─二三一─七〇五
（〇二）二三〇四─七一〇三
讀者服務傳真─（〇二）二三〇四─六八五八
郵撥─一九三四四七二四時報文化出版公司
信箱─台北郵政七九～九九信箱
時報悅讀網─http://www.readingtimes.com.tw
法律顧問─理律法律事務所　陳長文律師、李念祖律師
印　刷─盈昌印刷有限公司
初版一刷─二〇一七年十月十三日
定　價─新台幣三〇〇元

時報文化出版公司成立於一九七五年，
並於一九九九年股票上櫃公開發行，於二〇〇八年脫離中時集團非屬旺中，
以「尊重智慧與創意的文化事業」為信念。

國家圖書館出版品預行編目（CIP）資料

解決「麻煩」的技術：1張表格+4個步驟,瞬間斷開煩亂,掌握成功的捷徑 / 松田 元著；陳光棻譯. -- 初版. -- 臺北市：時報文化, 2017.10
面；　公分
ISBN 978-957-13-7164-1（平裝）

1.自我實現　2.成功法

177.2　　106017126

ISBN 978-957-13-7164-1
Printed in Taiwan

麻煩表格的著色範例

理想：成為年收一千萬圓的業務員

麻煩事：開發新客戶

即使丟掉也無妨的麻煩事（可複選）

		麻煩指數（%）
☑ 1.	接受教育訓練	10 %
☑ 2.	擬定話術	10 %
☑ 3.	電話約訪	40 %
☐ (4.)	列出目標客戶清單	80 %
☑ 5.	拜訪客戶	20 %
☑ 6.	提出估價單	20 %
☑ 7.	打追蹤電話	40 %
☑ 8.	打追蹤電話	10 %
☐ 9.		%
☐ 10.		%

把真麻煩圈出來

現實：年收入兩百萬的業務員

讓頭腦變清爽的「麻煩表格」

❶ 寫出麻煩

麻煩事：

❷ 分析麻煩

麻煩指數（%）

□ 1.	%
□ 2.	%
□ 3.	%
□ 4.	%
□ 5.	%
□ 6.	%
□ 7.	%
□ 8.	%
□ 9.	%
□ 10.	%

丟掉也無妨的麻煩